我与中学生家长的
31封信

Wo yu Zhongxuesheng Jiazhang de
31 Feng Xin

冉乃彦 编著

教育科学出版社
·北京·

开头的话

　　家庭教育既是老百姓的大事，也是国家的大事，任何时候都不应该忽视它。

　　在探索家庭教育的过程中，我始终坚信家长对家庭教育最有发言权，因为他们是家庭教育的实践者、亲历者。

　　我经常和家长有互动。在微博中，我回答所有家长提出的大大小小问题，到现在，已经回答了几千个问题。与家长的通信，没有认真统计过，几年下来，估计已经过千。最有价值的通信首推本书。我和这位家长慧灵（化名），从2006年6月17日到2013年3月27日，历经6年多，共有31封来往信件。在信中，我和她认真地讨论了她的女儿慧浚（化名）从初一下学期到高三家庭教育所遇到的各种问题。

　　这些信的价值，首先在于它探讨了少年期——这个人生中最重要而又最为复杂的阶段的成长特点与困惑。少年期虽然是最佳塑造期，但是由于少年不成熟，内心充满了冲突，因而成为家庭教育和学校教育最困难的阶段。不仅如此，孩子的成长又是处在中国社会转型时期，遇到的是方方面面的挑战，可以说是难上加难。

　　这些信的另一个价值，就是它的真实性。双方都没有回避问题，面对现实，坚持理想，不说漂亮话，实事求是地探索最佳的可行方案。为了保持这份真实，在出版本书时，对双方来往的信件，除了在字句上做了个别技术上的修改外，一律保持原样。虽然我们对当初的见解，有的自己已经不满意了，但是，只有这种原汁原味的历史真实，才能提供一个引起读者深入思考的"原生态"。对于留有遗憾的部分，我采取"相关链接""小知识"等方法,用一些新资料,有针对性地做了一些弥补。

从来往的信中,可以看到家庭教育是围绕着两大矛盾交叉展开的:一是全面发展的理想目标和升学考试的现实压力之间的矛盾,二是身心发展的客观规律和家长急于求成之间的矛盾。

能否坚持德智体美全面发展,实在是当代社会的严重问题。在家庭,在学校,重智轻德、轻体育的现象比比皆是。表面看起来是高考的"指挥棒"惹的祸,其实,想培养什么样的人,才是问题的实质。

能否尊重客观发展规律,也是家庭教育中的一个重要问题。"过高、过急"是家长当前普遍的心态,这和社会上的浮躁心理相通。

针对这两大矛盾,在来往的信件中,我们竭尽所能,探索着切实可行的做法。因为我们面对的是一个成长中的少女,面临的是不平静的环境,绝不能"纸上谈兵"。理念对不对,方法好不好,立刻就要接受家庭教育实践的检验。处在 21 世纪初期,"旧的方法不灵、新的方法不明"的情况下,应该说当时的难度不小。

当然,这几年情况越来越好,家长队伍中有越来越多的人,理解并坚持了全面发展和尊重规律,也产生了许多符合时代特点的创造。我们大家会把家庭教育这篇"大文章"写得更好。

本书最后是慧灵和我的又一次通信。母女俩的近况,让我十分欣慰,我深信并祝愿她们有一个阳光灿烂的未来。

2013 年 12 月 25 日于北京

目　录

第 1 封 来 往 信

有没有化腐朽为神奇的妙招？

——值得认真探索的初中阶段

冉教授：

　　您好!

　　认识您是我一生的荣幸。听了您关于《怎样培养孩子的自我教育能力》的讲座，很受启发。孩子一旦具备了自我教育能力，就像体内注入了一种自动升级系统，母亲对孩子就会比较放心。我的孩子处于一种半自觉状态，她知道学习的重要性，也比较乖巧，成绩在学校600人中暂排前10名，下半年就初二了，但很多好的学习习惯有待养成。作为妈妈，我的心正悬着呢!还是拿做练习前先温习书的习惯养成说吧，我女儿仍是每天先完成作业，做不出时才偶尔会翻翻书，还说"我练习都做不完，哪有时间先温习？"我总在心底默想：上天启示我化腐朽为神奇的妙招吧，助我一臂吧!

　　此致

礼!

慧灵

2006年6月17日

家长朋友：

　　您好!

　　我很愿意交流。附去一些意见供参考。我准备建一个博客，欢迎您参与到讨论中来。

您的朋友　冉乃彦

2006年6月17日

相关链接
培养青少年自我教育能力的十个策略

1. 给孩子一个空间，让他自己往前走

婴儿最初都是喜欢生活在母亲的怀抱里，但是他不能永远这样生活。随着孩子慢慢长大，家长应该理智地逐渐扩大孩子的活动空间，让他走出房间，奔跑在田间，才能有利于他的健康成长。可是，在现实生活里，真正做到这一点，也不那么容易。因此，建议家长应做到：

一要给予孩子空间。家中有四面墙，能不能给孩子一面，由他自己使用？他愿意展示他的作品，或者是悬挂他所崇拜人物的图像，甚至是把墙壁装点得像美丽的夜空，幻想着自己在太空中遨游，都应该表示支持；如果不能给他一张桌子，也应该给他一个抽屉供给他全权使用。这样，他的责任感、独立性，才有条件得到发展。

二要扩大孩子的空间。有两位家长，为了给孩子提供一个有特殊教育意义的空间，想出了一个叫作"小留学生"的好主意，就是两家的孩子，都到对方的家中去住一两周，上学仍在原来的学校。别看这么一个空间的变化，对孩子的教育效果十分突出。至少有四个方面的好处：一是孩子得到了实际锻炼；二是培养了孩子的自理能力；三是提高了孩子的人际交往能力；四是加深了孩子对社会的认识。

2. 给孩子一个时间，让他自己去安排

孩子虽然和每一个人一样，也拥有自己的时间，但是如果时间的安排完全由成人包办，孩子只是去执行，那么孩子的自主性就永远也培养不出来了。所以家长应让孩子做到：

第一，要思考自己一生的理想和打算。第二，要制订十年的规划。第三，要有一年的计划。第四，要制订一周内要完成的任务和计划。第五，要学会科学地安排一天的24小时。

人的一生，在一定意义上，是由一小时、一小时在做什么决定的。要想把外语真正掌握好，和每天是不是早起半小时读单词的关

系密切；每天要多读课外书，又和能不能克制自己少看电视关系密切。

在安排和实行计划的过程中，孩子能发现时间安排本身的计划问题，也能看到自己实际行动的毅力问题，然后采取必要的调整措施。这种方法能引导孩子不断地思考自己、规划自己、要求自己，从而发展他自己的自主性。

3. 给孩子一个条件，让他自己去体验

用拔苗助长这种违反客观规律的做法培养孩子，肯定是要失败的，但是认为"树大自然直"，消极地完全采取"顺其自然"的态度，也不利于孩子的成长。遵照客观规律，积极创造条件，让孩子去锻炼、去体验，这才是我们应该采取的正确做法。家长应做到：

一是丰富孩子的直接经验。孩子在学校学的都是书本知识、间接经验。如果没有直接经验作为基础，只能培养一个高分低能的"考试机器"。有些淘气包，到初中学习物理反而比那些死读书的孩子容易，就因为他们在淘气过程中，积累了大量的力臂、重臂的直接经验。

二是深化孩子的情感体验。有一位家长为了让孩子从小锻炼劳动本领，为孩子特意买了一个小水桶，让他去获得多种体验，大人在前面提着大水桶走，孩子得意地在后面提着小水桶跟着，孩子和大人都很自豪。

这种自豪的情感体验，和他的认识结合起来，就会形成热爱劳动、自力更生的信念。

4. 给孩子一个问题，让他自己找答案

每一个孩子都会无休止地提出一个又一个问题，但是问题的答案让孩子如何去得到呢？经验告诉我们：孩子爱不爱提问题，是关系到孩子能否成才的一个重要因素，而孩子如何去得到答案，则是关系孩子成才的关键因素。

如果孩子懒于思考，处处都在等待别人的答案，这样的孩子就是在智力上没有自主性，他永远不可能成才。

但是，每个孩子的智能结构是不同的，因此引导孩子应该根据霍华德·加德纳的多元智能理论，采取不同的途径、内容帮助孩子学会寻找答案。

5. 给孩子一个困难，让他自己去解决

"穷人的孩子早当家"这句话有它的道理。生活在穷困家庭中的孩子，那种恶劣的生存环境，要求他必须艰苦锻炼；但是，现在生活水平提高了，难道孩子就只能当"纨绔子弟"？当代，在顺境条件下如何成功地教育孩子？这的确是当前亟须探讨的难题。

设置一些困难，让孩子自己去解决，这是培养孩子抗挫折能力的好方法。

6. 给孩子一个机遇，让他自己去抓住

人的一生会遇到不少机遇，虽然"机遇总是偏爱有准备的头脑"，但是如果自己不善于抓住机遇，纵使你满腹经纶，机遇也会和你擦肩而过。

在现在的生活中，如果仔细观察，的确是充满着各种各样的机遇。比如，在课堂上善于不善于举手争取回答问题，在竞选中善于不善于争取到一个既能为大家服务、又能锻炼自己能力的职务……抓住了这些机遇，往往对人的成长起着至关重要的作用。所以，有不少的家长很重视培养孩子善于抓住机遇的意识和能力。

7. 给孩子一个交往，让他自己学会合作

有学者说，"21世纪是交往的世纪，如果不善于交往，在21世纪将无法生存"。我认为很有道理，在全球一体化的时代，在信息社会，如果不重视交往、不善于交往，肯定跟不上时代。

深度交往，尤其是精神层面的交往，应该说是人类的一个重要特点。人类是善于合作的动物，人类没有狮子凶猛，没有大象有力量，但是依靠合作，战胜了猛兽。

孩子和成年人一样，是在交往中学会合作的。孩子在一起也难免有矛盾，但是这个解决矛盾的过程，正是孩子健康成长、走向成熟的过程。家长应该鼓励孩子去面对这些矛盾，而不是回避它。

除了日常交往之外，成人应该有意识地引导孩子参加非日常交

往，例如，参加各种公益劳动、志愿者行动等，使孩子能够增长见识，提高交往能力。

8. 给孩子一个对手，让他自己去竞争

生活中充满了竞争，为了让孩子提高适应社会的能力，需要培养孩子从小既要学会合作，又要学会竞争。应该让孩子不但经常参与一些合作，还要敢于接触一些竞争。但是，怎样让孩子学会竞争和合作呢？有效的办法，就是经常在他的身边树立一个友好的竞争对手，两个人互相激励，互相比赛，共同进步。

在班集体里，有时大家也要竞选班干部，家长这时就应该鼓励孩子去参与竞争，帮助他准备竞选演说，和他交谈、讨论，如竞选成功或者失败了，自己究竟怎么办？让孩子从小就学习这一类的竞争观念和本领。

9. 给孩子一个权利，让他自己去选择

孩子的自主性往往表现在他的选择上，但家长由于怕孩子自己选择错了，总是不敢真正把选择的权利交给孩子，而如果从来不给他选择的权利，也就永远学不会选择，就永远没有自主性。

同时，孩子的选择和他的责任心总是联系在一起的，如果孩子的事情，件件都让家长去做主，决定之后，孩子不会想到自己对这个决定有责任，因为不是自己选择的。

如果把权利交给了孩子，他的选择会比较慎重，因为他知道，一旦选择了，就要由自己负责，是好是坏，后果都要自己承担。

10. 给孩子一个题目，让他自己去创造

创造是自主性的最高层次的表现。孩子的创造性也不是完全天生的，同样需要成人的积极引导和巧妙激发。而缺少引导的地方，孩子的创造性有时反而会变成一种破坏性。

有的家长，或出个题目，让孩子去编舞；或是开辟一面墙，专门布置孩子的作品；等等。家长可利用一切条件，设法培养孩子从小就有创造精神。

给孩子创造一个条件，有利于发展他的自我教育能力，在孩子

做的过程中，家长还要不断地和孩子进行良好的有益的交流，鼓励孩子，评价他的成果，提出新的任务，使他的进步永不停歇，自己大步往前走。

 小知识

苏霍姆林斯基教育名言

苏霍姆林斯基是苏联著名的教育实践家和教育理论家。他以其深广的教育理论和为人们广为传颂的敬业精神，立于世界著名教育家的行列。他提出：

"人的最大的胜利就是他能战胜自己。一个人从童年起就要学会支配自己。从小就要学会命令自己，管束自己。逼迫自己去做应当做的事，而且把应该做的事变成你愿意做的事。这是一种和谐。"

"在童年和少年早期，在7—11岁时，就要教会一个人自我管理，而如果需要的话，还要学会'强制自己'的能力。若是错过这个时期，以后就会不可避免地出现重新教育的问题。"

"采用惩罚手段是很简单的，而教育一个人为自己的过失感到难受，从而受到良心的谴责，那要困难得多。在童年期，特别是在少年期，一个人如能进行自我谴责、洗刷自己的良心，那就有了一股很大的力量。我总是努力使少年在意识到自己的不良行为之后，能产生这样的想法：我应当成为一个和我现在不一样的人。为自己的过失感到难受，这是对别人的不良行为不能容忍和毫不妥协的源泉。"

第 2 封 来 往 信

可怜天下父母心

——打开家庭教育的进步之门

冉教授：

　　您好！

　　非常乐意创建博客，那样的话，我在教育女儿时所遇到的问题，就可以像用QQ一样，随时便捷地和您沟通了。谢谢您为我打开的一扇进步之门！另外，关于孩子的复习习惯，您有什么好的建议？女儿开始放暑假了，早晨睡到7点，又没读书，我又不敢叫(怕闹情绪)，只好打开电脑，用英语歌闹醒她。

　　孩子文静，但喜欢滑冰、旅游，一讲起这两件事，她全身所有的细胞顿时被激活。暑期来临，她想去旅游，和外国人练习说英文。我想让她独自体验集体生活，长长见识，参观并游览一些名牌大学，不知您的意见如何？

　　看到您的博客页面了，我是否也申请一个博客号才能发表意见？让您见笑。不过，我想我会尽快熟悉使用博客。

　　此致

礼!

慧灵
2006年6月26日

家长朋友：

　　您好！

　　关于复习习惯的问题，我的想法是：

　　1. 在负担过重的情况下，孩子这样也是无奈的，应该理解。做练习当然也是一种复习，只不过无法把知识系统化，长期这样做，肯定得不偿失。

　　2. 其实能力比较强的学生，在课堂上就能初步进行复习——回顾今天学的内容，进行疏理。

　　3. 最好让孩子理解：复习，其实是一种建筑在科学的思维方法、思维习惯基础上的学习方法。复习能够帮助我们把杂乱无章的知识经过"去粗取精，去伪存真，由此及彼，由表及里"的过程，准确地把握住核心、本质。这是一辈子都用得着的。复习有助于将新知识变成自己知识结构中有机的组成部分，而不是贴上去的一张皮。

4. 根据这个道理，如果每天复习有困难，至少一个阶段要自动复习一次。

关于假期的活动（旅游，参观知名学府等），我认为很好。建议多做一些准备（想获得多方面的收获，事前设计很重要；自己的措施也要多，以对应情况的变化）。

您的朋友 冉乃彦

2006年6月26日

相关链接

学会复习和记忆

随着思维的发展、学习科目的变化，初中生的记忆方法也在相应变化，逐渐改变了小学时期的两大毛病：一是死背不求理解，二是只会反复背熟这种方法，而变成了有思维参加的一些新的记忆方法。具体如下：

（1）分析材料，找出重点，然后把重点记住，而不是事无巨细，一律全死记下来。

（2）逻辑加工，进行各种分类，按类别记忆，这样就把内部联系也同时掌握住了。——学会把知识形成结构，包括五种方法：结对子、串糖葫芦、梳辫子、生长树、炼丹术。结对子即把结构相同、内容相近或相反的语句，结成一个对子。例如，反义词：宏伟、渺小；严寒、炽热；对联：忠厚传家久，诗书继世长。串糖葫芦：把有一定顺序的内容串在一起。例如，历史知识——唐宋元明清；24节气；矿物硬度表。梳辫子：把几股知识连接、搭配在一起，类似梳辫子。例如，写一个故事，就要把时间、地点、人物、事件等要素安排好；写另一个故事，同样要把这几个要素安排好、结合好。生长树是面对复杂知识常常用到的方法。好像一棵大树一样，把知识之间的内在联系，用主干、枝干、分支表现出来。例如，生物进化中，动物的"生长树"，就是形象地把鱼类、两栖类、爬虫类、哺乳动物类，按照进化的顺序，比作一棵树，把类、种、属都表示出来。炼丹术是指把庞杂、丰富、纵横交错的知识群，提炼出核心内容。例如，把一个人的认知、意志、情感等因素，与德智体美等表现结合起来，找出影响他发展的核心因素是什么（一般说核心因素是他的自我意识水平）——这个过程好像"炼丹"。

（3）联想。发挥思维的创造性，用各种途径把难记的知识与好记的或已经熟记的知识联系起来。

（4）不同内容特点的材料，选用不同的记忆方法（历史知识用"过形象电影"的方法；英语单词用反复使用的方法）。

（5）根据个人心理类型不同，选择不同的记忆方法（如视觉记忆型的同学，尽量把需要记忆的内容写出、画出；听觉记忆型的同学，尽量把记忆对象用声音说出来，唱出来）。

（6）短时记忆，及时复习（放学路上考一考；睁开眼睛查一查）；回家尝试回忆。

初中学生记忆方法的改进，不仅有利于牢固掌握知识，也反过来促进思维的发展，你愿意试试吗？

网络点评

是啊，我也遇到这样的问题。很多时候只能无奈，孩子也有他的困惑。正如冉教授所说，关键是让孩子理解复习过程的重要性并有所收获，他才能付诸行动。感谢冉教授给了好的建议！

——清溪(网名)

第 3 封 来 往 信

一份暑假作息时间表

——追求生命的长度、宽度、厚度和浓度

冉教授:

您好! 很高兴收到您的信。

我读后也顺便让女儿读了您的邮件,她说:"写得真有条理,好整洁。老妈以后可要有点内涵,别像唠叨我一样,没个完。"这话像刀子似的刻在我心上,让我忘不了;而我纳闷的是自己说的话,怎么老似浮云般在她心底扎不了根呢? 只要我一开口,她心情舒畅时能听,大多情况下都觉得我烦、话太多。但我看不顺眼的,比如女儿看电视,常看生活片或武打片,我就会想马上纠正她。为了让她有一个时间观念,我特意让她制作了一份暑假作息时间表。

上午:

6:00—6:40, 早读(英语/语文各20分钟);

6:40—8:00, 吃早餐;

8:00—8:45, 语文(休息10分钟);

8:55—9:40, 英语(休息10分钟);

9:50—10:35, 数学(休息10分钟);

10:35—12:00, 享用午餐;

下午:

2:00—2:30, 洗漱完吃水果;

2:30—3:15, 英语(休息10分钟);

3:25—4:10, 语文(休息10分钟);

4:20—6:00, 享用晚餐;

晚上:

6:00—6:45, 语文(休息10分钟);

6:55—7:40, 数学(休息10分钟);

7:50—8:35, 英语(休息10分钟);

8:45—10:00, 课外阅读;看电视;回顾当天没完成的作业,最后洗漱上床。

并且每三天休息一个下午(让女儿有自由时间,抛开学业,痛快玩一下)。从2006年6月27日开始,近一个月时间在家就这样安排。

教授，您看这样可行吗？我怎么督导才能让她坚持下去呢？

慧灵

2006年6月26日

家长朋友：

你们很重视时间安排，我非常赞成。对于暑期这个特殊的时期，尤其需要注意科学安排时间。我有一篇文章供你参考（见相关链接《孩子也需要休闲》）。

你们订的暑假作息时间表，我建议如下：

1. 最好孩子自己先有一个方案，然后经过全家讨论，最后再确定下来。

2. 每三天之后休息一个下午的安排非常好，但是应该尽量发挥孩子自己的特长，不要太强调"抛开学业，痛快玩一下"。启发孩子，设法使她做的每一件事情都有乐趣。

3. 内容还不够丰富，好像只有功课、作业……

4. 为什么午餐、晚餐安排那么多时间？

您的朋友 冉乃彦

2006年6月31日

相关链接
孩子也需要休闲

人生不应该只追求生命的长度，还应该追求生命的宽度、厚度和浓度。年幼的孩子也不应该例外。所谓宽度，是指生活的宽阔程度，实践面要宽，体验面要全；所谓厚度，是指生活的深刻程度，不断探索生活意义，逐步实现人生价值；所谓浓度，是指生活的丰富程度，生活内容要色彩缤纷，生活角度要千回百转，生活味道要酸甜苦辣咸，五味俱全。

其实，休闲是为生命而存在的，我们应该站在热爱生命的高度看待休闲。为什么生命需要休闲？休闲究竟能够使我们的生命得到什么？休闲对于孩子的成长意味着什么？

一、休闲的生活能使孩子得到解放

不论孩子和成人，在休闲时刻，才是生命最放松、最快乐、最难忘、最能够发挥潜力的时候。因此休闲更是自我教育，是自觉完善自己的一种学习。

去石景山游乐场玩

有一次，我和爸爸妈妈一起到石景山游乐场玩儿。那里的游戏真多啊！有意大利飞毯、水中飘筏、激流勇进、蜗牛爬树、滑索、疯狂老鼠、吃惊屋、矿山车……我先玩了激流勇进，那时，我的心里特别激动，一下我就成了一大块刚融化的冰。玩完了，我们又去玩蜗牛爬树，这个游戏真有意思，蜗牛下树的时候慢吞吞的，看来这只蜗牛是老的……

这次去石景山游乐场，我玩得真开心，这次游玩使我永远难忘。

（小学三年级学生 刘传）

这个小学生在休闲时刻——去石景山游乐场"玩得真开心""这次游玩使我永远难忘"，那就表明休闲才是最快乐、最难忘的；"一下我就成了一大块刚融化的冰"，则形象地告诉我们，休闲是最放松、最能够发挥潜力的时候。

二、休闲的生活能使孩子变得真实

繁重的工作、学习能够把人撕成碎片，而休闲可以把生命重新拼合。因此，休闲可以使人表现出全部真实的自我。

林雨堂在《人生的乐趣》一文中，有一段正是表达了这种深刻的见解："……只有知道一个人怎样利用闲暇时光，才会真正了解这个人一样。只有当一个人歇下他手头不得不干的事情，开始做他所喜欢做的事情的时候，他的个性才会显露出来。只有当社会与公务的压力消失，金钱、名誉和野心的刺激离去，精神可以随心所欲地游荡之时，我们才会看到一个内在的人，看到他真正的自我"。

我的发现

我喜欢观察小动物，尤其是爬行动物。

一个偶然的机会，我在花园向阳的小土坡上发现了一个蚂蚁洞，我兴奋地大叫起来。我在那里等了半天，也没看到蚂蚁的踪影。不过围绕蚂蚁，我产生了很多疑问。于是，我跑回家，上网查了有关蚂蚁的资料。我知道了：蚂蚁认路的本领很强，从不迷路，因为它们在行走的路上，会留下一种气味，返回时，是沿着气味走，就一定能回到自己居住的蚁洞。还有，蚂蚁是靠自己的触角把信息传递给同伴的，它们的力量非常大。

但是，这些都是网上说的，我决定要实地考察证实一下。

一天，我拿着几粒熟米粒，来到蚂蚁洞前，我要证实一下，蚂蚁的力量是不是很大。我先把几粒米粒放在蚂蚁洞前，想把蚂蚁引出来。不一会儿，一只蚂蚁"侦察兵"从蚁洞里爬出来，发现了这几粒米粒，它立刻返回蚁洞，又爬出来，只见它身后还跟着十来个"人马"。看到这一幕，我不禁自言自语地说："米粒比它们重，它们肯定搬不动。"但是，接下来发生的事情，让我大吃一惊。只见它们有的聚气凝神，紧抱米粒；有的两蚁联手，奋力拼搏；有的发起蛮劲，搬米疾走……不一会儿，所有的米粒就被搬得干干净净，一粒不剩。看到这儿，我不由地感叹：蚂蚁的力量真是强大。

由此我想到：有时，人的力量可能比蚂蚁还小；有时，蚂蚁的力量可能比人的力量还大。为什么呢？因为：人心散，搬米难；人心齐，泰山移。

（北京市宣武区师范第一附属小学五（1）班　孙天怡）

这个孩子，发现了一个蚂蚁洞，就兴奋地大叫起来。他忘记了读书，放下了作业，如醉如痴地去观察蚂蚁。这时候的他，才是真实的孩子、一个焕发着生命力的孩子。

三、休闲的生活能使孩子进行创造

自由是创造的前提，而唯有休闲才能给人更多的自由。正像教育家苏霍姆林斯基所说的："只有孩子每天按自己的意愿随意使用

5—7小时的空余时间，才有可能培养出聪明的、全面发展的人来"。

当孩子躺在草地上，悠闲地欣赏着天上的云朵；当孩子坐在竹椅上，敬畏地注视着天空的繁星，他的幻想可能达到遥远的天际，他的思绪可能已经穿透上下亿万年。

在这个时候，家长千万不要去打扰他，让他冥思苦想，由他产生奇思妙想，孩子这时候的思维最活跃，最可能具备创造性。

我的梦

我今年10岁，上小学五年级。我的好朋友说我是一匹永远跑不累的小马，我的妈妈说我是个精灵古怪的女孩儿，而我的老师们又说我是个安静乖巧的学生。我觉得他们虽然都很关注我，但是谁也没有察觉我的小秘密：其实，我是一个爱做梦的女孩儿。

每天晚上我都迫不及待地钻到被子里等待进入梦境的那一刻，我真的太爱做梦了。梦里的世界特别神奇。比如最近，我就一直在梦里练习飞翔，几乎可以飞得像鸟儿那样高了。可梦一醒来我就飞不起来了，太不公平了，为什么鸟儿有翅膀，而我们人类却没有呢？我找来家里最大的风筝，把它绑在身上，从小山坡上飞奔而下，我猜只要跑得快一点、再快一点，没准我在现实里也可以飞起来，那样我就可以像鸟儿一样自由了。我跑了无数个来回，满头大汗，却怎么也飞不起来，旁边看热闹的大人们哈哈大笑，他们说："加油呀，小姑娘，你应该跑得像火车一样快才行！"他们为什么就是看不懂我的梦想呢？我暗下决心，等我长大了，一定要做出一对翅膀，让所有和我一样喜欢飞的人可以自由自在地一边飞翔，一边看风景。别人只是在夜里做梦，而我的梦无时不在。从记事的时候起，我就梦想成为一名画家。为了圆梦，我每天都在画，周末还要跑到很远的地方学画，风雨无阻。美术班里的同学们都比我大很多，开始他们都叫我洋娃娃，后来，我勤学苦练，画出来的作品和他们不差上下，终于有人开始叫我"小画家"了。可妈妈又顾虑重重地对我说："当画家很难的，你还是不要做梦了吧。"妈妈怎么知道，这么美丽的梦，我才不愿意放弃呢。每次来到美术馆，我都会在画廊里站很久很久，妈妈觉得我在发呆，其实我在做梦，梦想着有一天，这里展出的都是我的作品，我要像达·芬奇那样，从画鸡蛋开始努力，直到能画出《蒙娜丽莎》那样的杰作。

　　我的梦真的很多很多。看书的时候，我梦想回到三国，和诸葛孔明对话。走在城市马路上的时候，我梦想着蓝天白云、青山碧水，没有污染，没有噪声。看电视新闻的时候，我梦想拥有马良的神笔，亲手画出一个没有贫穷、没有战争的世界。这些梦都是我的小秘密，我把这些秘密告诉了你，你不会笑话我这个酷爱做梦的小女生吧？

（北京市宣武区师范第一附属小学五（1）班 张嘉蕾）

第 4 封 来 往 信

分数是亲子间的导火索

——家长要认真把握少年期心理特点

冉教授：

您好！

女儿重新修订了一份作息时间表，您看看。

1. 每天早起半小时用来晨练（如跳绳、散步或打乒乓球）。

2. 从暑假开始，自己洗衣服，整理房间。

3. 坚持满3天，休息一个下午；满7天，休息一整天（可以下乡、去寺庙，或登山，或栽花，或与同学玩）。最后增加半小时"母女比比谁智慧"——做阅读游戏（我最近买了一套《哈佛家训》，拿书中的小标题即兴编故事情节，再用一句话归纳，与书对照），赢者就奖点发卡之类的东西。

女儿用在午饭和晚饭的时间特长，因为她想看电视。给您讲个事情。

6月30日上午，陪女儿到校看分数，数学教师一看到我就说女儿"这次没考好"，其实，老师不说我也明白，女儿自己做的梦和现实一样。这说明人的第六感觉很灵验。因为孩子心里没谱，才会七上八下，才会做梦，心也不安宁。中午她回来，见我很平静，又问外婆来了怎么没留下吃饭？我告诉她外婆听说了成绩的事，把我数落一番，我顶了一句，外婆一气就走了。女儿说："你们怎么都说我呢？就这次没考好！"我说："你老被分数弄得一会儿哭，一会儿笑，本身就说明你的信心不够！"她烦得很，眼泪像汩汩的泉水流了出来。我再不敢多说一句。叫她吃饭，不听……她说："我不就是这次没考好！"我说："我平静的表情，并不是责怪呢，只希望你不被这不好的情绪所控制，学会自己思考，找出问题症结，学会用智慧减轻心理压力。"结果女儿没吃饭就睡了。我认为女儿敏感且脆弱，由于女儿不会主动复习、梳理知识，成绩才会如此波动。

另外，放假前她父亲要她去补数学，她自己想补英语。于是，前一个月每隔一天(老师分成绩好的一批与成绩中等的一批)上午补数学，后一个月每隔一天上午补英语，旅游只能抽一周时间（小县城大部分学生都在老师家补课，不进则退，比拼得很紧）。女儿看似文静，但脾气犟得很。6月27、28、29日坚持了两天半，到29日睡到下午2:30，她逼着要我和她一起去看床。我不同意，理由是等到明天下午。她要预借一个下午，我懒得理她。于是她气得摔东西，翻倒所有的凳椅，把门"砰砰"地关上，床上的毛巾毯、浴巾、枕头也被撒了一地板，一边哭一边说："我坚持了，你又不执行，该玩的时间，说了又不算，有什么意思？"随即女儿又把作息安排撕得粉碎，还踏了几脚。看起来伤心、气愤不已。当时我控制住冲动，平静得似没看见。我说了一句"出去换心情"，跑在外面足足待了2个小时。回来时，见家里静得出奇，这个房间看看，那个房间瞧瞧，不见人影，来到阳台，见女儿坐在阳台地板砖上，她看见我忍不住笑起来。到了近5点母女俩还是去看了床，打了乒乓球。在路上女儿说："妈妈，我脾气一上来，如一头只会盯着红布戳的公牛。"我没去理睬。晚上，她又要我帮她重写一份作息时间表，我不同意，后来她说："别人写的我更喜欢执行，不然的话，老会拿到自己爱做的练习，容易偏科。你写我说总行吧"。我又一次被她说服了。

　　冉教授，我认为智力比拼自然好，但性情也要好，而且好习惯与积极态度都很重要。为了给她一个良好的学习空间。我决定用半个月时间把女儿的房间装修一下，让她自己负责房间卫生，养成整洁、自理的习惯。另外，我还想让她去学游泳，这样对身体发育有帮助。这安排在装修完毕后一个半月的下午。

　　冉教授，我真不知道如何对待女儿的不稳定，不知道将来女儿会发展得怎么样？我心里真没什么底，很想听听您的意见。我写得不怎么好，您不会烦吧。谢谢您！

　　此致
礼！

慧灵
2006年7月5日

家长朋友：

　　我总的想法是：分数要重视，但不要过分重视。您应该更重视孩子的志向、孩子的视野以及孩子的思维、学习方法。一次考试考不好没什么，关键得找准原因。建议孩子建立一个"错题本"，常常分析错的原因。

　　在孩子的少年期，有时难免控制不住自己的感情，但是应该逐步学会自我控制。比如，自己感到要发脾气了，先数123456，目的是先停歇一下，再考虑下面怎么做。

　　我觉得您做得不错，今后应逐渐放手，不要管得太细，把您的主要精力放在自己的学习、思考和抓大事上，让孩子自己多做，让她自己总结经验教训。

您的朋友　冉乃彦
2006年7月7日

 相关链接

推荐《孩子，息怒！》

　　作者林凡瑞写的《孩子，息怒！》（附文后）是一篇家庭教育的好文章。文章不但在内容上为父母提供了如何帮助孩子改善性格的好建议，而且在方法上探索了进行家庭教育研究的好思路。

　　这篇文章有五个突出的特点：

一、抓住了根本——提高孩子的道德水平

　　孩子爱发脾气是父母们经常遇到的问题，由于它产生的原因比较复杂，所以解决起来并不容易。这篇文章的优点就是没有就事论事，而是透过表面现象，找出了孩子爱发脾气的根本——道德水平不高。

　　不过，虽然根本问题是道德水平不高，作者的方法绝不是进行道德说教，而是针对孩子的年龄特点，引导孩子悟出"换做我，可能也会舍不得"，初步树立了宝贵的"换位思考"。接着作者又用孩子能理解的价值心理进行诱导："想想看，你就是真的把小球都赢

到了手，却失去了朋友的友谊，值得吗？"

二、重视了能力——培养孩子的自制能力

孩子对发脾气有了正确认识，并不等于在行为上能立竿见影，因为这里还有一个能力问题。作者虽然没有专门列出一段论述能力问题，但是他实际还是非常重视的。在提出道德水平的同时指出发脾气的原因之一是"自制能力不高"。另外，帮助孩子掌握抑制愤怒方法的过程，实际也是培养能力的过程。

作者的高明之处，还在于把培养能力变成孩子的自觉要求。通过作者的启发诱导，"儿子知道了愤怒的严重危害，心里就有些恐慌，学着有意识地控制自己的不良情绪，还时不时地主动向我请教抑制愤怒的方法。"孩子还主动请教父亲"我知道自己脾气不好，可就是控制不住自己，这样下去对学习和人际交往都是没有好处的。不知老爸有什么控制愤怒的好方法？"

三、关注了环境——给予充分的关心和理解

实际上良好的性格与民主和谐的家庭环境是分不开的。这里，除了成人的榜样作用之外，父母对孩子的充分关心和理解是非常重要的。

作者认为"让孩子学习控制情绪，首先应尽量做到使孩子在合理范围内有充分表达情绪的权利；""然后再用合理的方式进行制止，让孩子知道发泄情绪也应有一定的界限，自己发泄情绪不应损害别人的利益和物品，尽量鼓励孩子用语言表达自己的情绪，告诉他遇到问题时要讲道理，说缘由，不要动不动就发脾气。"

作者主张用疏导方法辩证地解决孩子的发脾气问题，不但科学而且艺术，扩展到整个家庭教育都是很有价值的。

四、强调了利害——让孩子知道愤怒的危害

教育也应该不拘一格，前后左右不同方向，正反上下不同角度都可以找到有针对性的教育资源。作者除了从正面做了大量工作外，还巧妙地从反面——"愤怒的危害"来使孩子更加重视，努力改变自己的不良性格。

作者不但用生动的孩子能理解的故事启发孩子，而且还选用"愤怒是拿别人的缺点来惩罚自己"这一句哲理，让孩子在生活中去默默思考，去慢慢品味。

五、提供了方法——帮助孩子掌握抑制愤怒的方法

家庭教育十分忌讳只给孩子一些空洞的大道理，不教给孩子具体方法。要过河必须要解决桥和船的问题，对孩子来说尤其如此，他们由于年幼不仅缺少理解，同时特别缺少的是实际经验和解决办法。

作者一口气向孩子介绍了四种方法：躲避刺激法、转移刺激法、主动释放法、意识控制法。这样，孩子既有了正确的认识，又有了有效的方法，离成功也就不远了。

通过这些科学和艺术相结合的教育，作者和孩子的努力见到了实效。不仅爱发脾气的孩子有了变化，而且在这个过程中密切了亲子关系，进一步树立了父亲的威信。难怪儿子说："爸，你真好！你是改变我性格的第一人。"

附：

孩子，息怒！

我经常对儿子说，愤怒是拿别人的缺点来惩罚自己。人在愤怒时，心跳加速，血压上升，呼吸急促，甚至引起鼻孔出血。经常发怒的人容易患高血压、冠心病，而已患此病的人在发怒时能使病情加重，甚至导致死亡。人在发怒时，缺乏食欲，食而不化，长期下去，易患消化系统疾病。愤怒还会影响心理健康，易使人产生许多不良品德。

儿子知道了愤怒的危害，心里就有些恐慌，于是，他便有意识地控制自己的不良情绪，还主动向我请教抑制愤怒的方法。

儿子渐渐长大了，懂得了自身修养的重要性，与我的情感交流也渐渐多了。他经常对我说："我知道自己脾气不好，可就是控制不住自己，这样下去对学习和人际交往都是没有好处的。不知老爸有什么控制愤怒的好方法？"

我听罢此言，心头一笑，向他幽了一默："要向我取经探宝啦？

可要收你信息费的！"儿子说："可以，可以。老爸你真逗。"

我一本正经地对他说："抑制愤怒的方法有很多，现仅向你传授几种：一是躲避刺激法。在生活中，你如果遇到容易致怒的刺激物就尽量躲开，不要让它们干扰你正常的心态，敬而远之。正所谓'眼不见心不烦，耳不听脑不乱'。二是转移刺激法。当你要发怒时，就有意识地唱唱歌、听听音乐、打打篮球，把注意力转移到其他事情上去，学会排解。三是主动释放法。把你心中的烦恼向人诉说，或写在日记里，以消除怒气。四是意识控制法。在要发怒时，心中反复默念'制怒'，会起到抑制愤怒的效果。"

儿子努力地点点头："爸，你真好！你是改变我性格的第一人。"

我当然没有要儿子缴信息费。培养孩子的好习惯是我义不容辞的责任，能有什么比这更重要呢？

（林凡瑞/文）

☺ 温馨小贴士

如何看待学生的分数

家长重视孩子的考试分数是可以理解的，因为分数毕竟是学习状况的一种重要反映。但是，如果采取简单化的做法，对于指导孩子学习又没有好处。

分数是个现象，家长应该动脑筋分析分数背后的诸方面原因：

其一，分析孩子的学习水平。任何一门功课都有三个层面的水平——基础知识、基本概念（词语、定义、定理、公式、基本观点等）掌握的水平；基本技能水平（运用基础知识、基本概念解决基本问题的能力水平）；综合技能水平（解决比较复杂问题的综合能力）。通过考试卷子和平常的作业，可以分析出这三个层面水平的情况。哪方面差，重点解决哪方面的问题。

其二，分析孩子的非智力因素。学习成绩与非智力因素关系密切，一些孩子的学习成绩上不去，有的是学习兴趣问题，有的是学习习惯问题，有的是意志品质问题，有的是情绪问题，有的是责任心问题。应该具体分析，找准原因。

其三，分析孩子的学习方法。有的孩子的成绩总在某一水平上，难以突破，学习态度、学习习惯也较好，那这往往是学习方法问题。应该一科一科地分析学习方法存在什么问题，采取改进措施。

其四，分析孩子的智力因素。成绩上不去，也有智力方面的原因。每个孩子在对智力的几个基本因素——观察力、记忆力、思维力、想象力四方面的能力往往发展不平衡。有的记忆力强而思维力弱，有的观察力强而记忆力弱。这就需要从孩子实际出发仔细分析，哪方面能力弱，应优先训练哪方面的能力，促进孩子智力的全面发展。

其五，分析孩子与老师的关系。孩子与老师的感情如何，对学习影响很大。

如果家长能够如上所述去分析孩子的学习状况，就不会只拿分数来说事儿了。而且，通过这样的分析，找准了原因，也就有了解决的办法。在此给家长提出几条建议：

1.不给孩子简单地定分数指标，在具体指导上下功夫

有些家长简单地对孩子说："这次必须达到××分。"这样，除了增加孩子的思想压力，解决不了具体问题。应该指导孩子分析薄弱环节，订好计划，改进方法，越具体越好。当然要以孩子主动思考为主，不能强加给他。

2.主动找老师联系，请老师帮助分析孩子的学习状况

家长应该主动去请教班主任老师和任课老师，越是找不准孩子学习问题原因的，越要及时找老师讨论，请老师出出主意。有的老师分析不透没关系，还可以请教有经验的老师。

3.改变看分数单和谈论分数的方法

家长明白了分数背后有很多因素，就可以改变看分数单和谈论分数的方法。考试过后，不天天催问："分数单发了没有？"

　　孩子把分数单给家长看，家长应保持平静的态度，可以说："你主动把分数单给家长看，很好。咱们找个时间具体分析这次考试情况，好吗？"

　　孩子成绩不好，不要简单责备，而应采取理解的态度："这次没考好，咱们再努力。你自己总结经验教训。什么时间一起讨论讨论？"

　　这些做法是举例性的，各位家长肯定会选择适合孩子的更有效的方法。

　　（摘自"飞起的羽毛"博客，http://blog.jyjy.net.cn/userl/lwr249/archives/2009/56448.html，2009年2月16日）

第 5 封 来 往 信

管 多 少 的 确 是 个 问 题

——善于发现孩子的优点

舟教授：

您好！

好久才回信，还请您见谅。

女儿独自去了南昌半个多月（培养她自立活动的意志）。等她回来已是 8 月中旬，音乐老师又选她去弹电子琴（参加全市 9 月份文艺会演），一晃就开学了。

开学一个月来，女儿数学测试了两次，一次是 92 分，班上第 1 名；第二次是 81 分，班上第 2 名，语文和英语也较好，班上前 3 名，但是今天回家又不开心了，物理测试 61 分，近 70 个人一个班，20 多个 60 来分，3 个 80 分，5 个 70 来分。我觉得不是好现象，但也没说什么。女儿反劝我不要不开心，她会找原因的。我无言以对。

舟教授，我信心不大的原因有以下几个方面。

一是女儿回家仍然是直接做作业，不先尝试回忆，整理笔记。（她说笔记很少，似乎老师强调只管认真听）但让我欣慰的是，女儿说："虽然数学老师也是强调认真听，甚至可以不带书，但她是有新的感受时记点，听得模糊的地方记点，回家做作业前先回忆一下，再把模糊的地方重新推导一遍，女儿兴奋地称这是最近发现的秘密武器。"我当时就表扬了她。

二是不太守信用，开学了又不制定作息时间表。而其他习惯，如房间卫生必须定时自己清理，阳台上的花定时浇水，自己的衣服定时洗、定时睡、定时起等这些，她只是做到一点点。衣服的清洁全是我包了，让她做这些的本意是培养她的耐心和恒心的，可没有达到。现在我也想不出高招。

三是您说要多关注孩子的志向、视野、思维、学习方法；不要管得太细，专注自己的事。我的事真不少，白天要上班，晚上自己上网校，家务事全包。我认为培养孩子优秀与快乐可以兼得，她父亲认为管得太多不会快乐，因此他除了上班，玩的时候多，操心孩子的时候少，我呢，总是费心多。

我有您这样的朋友，就像黑夜里有星星映照一样，很幸福。

此致

礼！

慧灵

2006年10月1日

家长朋友：

十一全家过得如何？您提的几个问题我是这样看的：

1. 您孩子的"秘密武器"，自己"会我原因"不错，我也很欣赏。提倡让孩子有些自主的小创造。

2. 您让孩子养成做事情有规律的习惯，也很好。但最好由她自己出主意（也可有点创造），被人控制太多容易没有积极性。

3. 他父亲"认为管得太多不会快乐"是有道理的，但是并不意味着自己去玩。教育孩子其实是一种艺术，和孩子一起成长是一件幸福的事。多想（策划），但是不多管，而是艺术地导演。您试一试。

我认为，现在整个教育过死，出不了人才；价值观导向混乱，容易使孩子晕头转向，您怎样看？

您的朋友　冉乃彦

2006年10月5日

✈ 相关链接

保护孩子的创造性

有理由相信，中国的"90后"和"00后"可能产生诺贝尔奖得主。因为诺贝尔奖标志着对人类重大贡献的发明创造，而发明创造的外在条件是社会发展的强烈需求和物质条件，内在条件是主体的独立人格，再加上中国在世界的威望日益增高，这些时代特点决定了中国获诺贝尔奖到了水到渠成的时候。

现在，最需要的是全社会提倡敢于创新、敢为人先、敢冒风险的精神，形成勇于竞争和宽容失败的氛围。

蚯蚓的故事

在美国的一个小学里，进行了这样的一堂自然课。虽然是这样短短的一堂课，但没有想到的是，它竟然使许多听到的人，在观念上受到了一次强烈的震动，这是为什么呢？

这堂课的题目叫"蚯蚓"。

上课了，自然老师拿来一盒蚯蚓，对大家说："同学们，今天我们来研究蚯蚓，请同学们自己上来，每人拿一条蚯蚓"。

同学们都用一张纸，想把蚯蚓托回来，但是，不听话的蚯蚓纷纷从孩子们的手中逃脱，有的爬到墙角，有的溜到椅子下面。于是教室里来了个"全场大搜捕"。

这时，来参观的老师说："这叫什么课，乱成了这样……"

自然老师从容地说："如果上的是关于蚯蚓的课，同学们连捉蚯蚓都没有学会，那叫什么自然课？"

过了一会儿，同学们终于将调皮的蚯蚓一个个捉拿归案。课继续进行。

老师说："同学们，请你们观察一下手中的蚯蚓，有什么特点？"

一个同学说："它没有腿，可是会爬"；

老师说："对"；

另一个同学说："那不是爬，它是在蠕动"；

老师说："对，你说得更准确"；

又有同学说："老师，我发现蚯蚓是由许多环组成的"；

老师说："好，你观察得仔细"；

又有一个同学说："老师，我把蚯蚓放到嘴里尝了尝，发现它是咸的"；

老师高兴地说："你很勇敢，亲自尝了尝，我不如你！"

又有一个同学大声地说："老师，我把蚯蚓拴在绳子上，然后吞了下去，之后再把它拉了出来，发现它还活着，说明它的生命力非常强……"

这时，老师从座位上站了起来，神情严肃地说："你真了不起，你这么小的年纪，就有为科学献身的精神！我真为你感到骄傲。"

设想一下，如果学生这样的表现，发生在中国的课堂上，老师们会怎样对待？家长们听到后，会做怎样的感想？

在我们周围，有些教师在教学生造句时，就是死板地要求学生，只能完全按照书上的造句写。有一次，造"……像……"这个句子。许多学生都是完全按照书上的例子，写成"天上的云彩像棉花"。可是偏偏仍有一个同学这样写："天上的云彩像黄瓜"，他并不是有意捣乱，而是认真地写出了他的观察。该同学说，因为他看到，有的云彩形状就像一根长溜溜的黄瓜。当然，这件事是以悲剧结束的。这次造句，其他同学都是100分，唯独这个学生得了个不及格。悲就悲在，其实只有这个学生才应该得到100分，因为，他一是有独立见解，不盲从；二是能实事求是，看到什么就写什么；三是有丰富的想象力。

可惜，有独立见解的孩子，如果总是不断地遭到打击，孩子们的创造精神，恐怕是相当难产生了。

著名的教育家陶行知先生，在几十年前就尖锐地指出过："你的教鞭下有瓦特，你的冷眼里有牛顿，你的讥笑声中有爱迪生"。

　　我们作为担当教育孩子任务的成人，怎样才能使孩子有创造的一生，的确需要好好地想一想了。

☺ 温馨小贴士

做个正能量妈妈

　　不知从何时起，"正能量"一词开始流行，有人还提出"传递正能量，拒绝负能量"以及"爱一个能给你正能量的人"等口号。我一直以为，所谓的"正能量"只不过是网络时代产生的新名词，和自己的生活没什么交集。却未想到，原来自己一直身处负面能量场当中，而这种状况进一步影响到我的育儿方式……

　　每个自卑小孩身后，都有一位被负能量包围的妈妈。

　　儿子的班主任又一次打来电话，跟我强调培养孩子自信心的重要性，这已经是我第N次接到类似的电话了。这一次的起因，是儿子拒绝参加市里的作文竞赛。

　　老师告诉我，儿子的作文一直写得不错，这次学校特意推荐他和另外五位同学一起参赛。没想到明天就要比赛了，儿子突然提出要放弃，理由是他怕发挥失常拿不到名次……接完电话，我不禁大怒，恨不得马上把儿子喊来质问。不知为什么，儿子在生活中表现得特别自卑，往往事情还没做就打退堂鼓，让我恨铁不成钢。每次开家长会，老师们总会提醒我和丈夫多鼓励儿子，不要总是批评他。在生活中我常常夸奖儿子，但奇怪的是，这并没有让儿子变得向上，相反他几乎是同龄人中最怯懦自卑的，让我百思不得其解。

　　带着疑问，我报名参加了一门亲子课程。开课之初，我就迫不及待地向专家提出了自己的疑问。专家笑了，问我："你自身是个什么样的人呢？"专家的问题让我有些不解。他补充道："我是想了解，你本身是不是一个积极的人呢？因为多数时候，母亲的能量场决定着孩子的情商和思维方式，孩子如何思考和母亲的世界观有着紧密的联系。"这是我第一次听到能量场这个词。我原本以为它只存在于励志书中，没想到竟然能同育儿发生关系。专家的话让我若有所悟，因为我本身就是一个消极的人，从小到大都很自卑，遇事总会考虑负面的可能性，觉得自己做什么都做不成。随着成长，我渐渐懂得将自卑伪装起来。难道这些内在的思想也会影响孩子吗？

专家仿佛看出我的困惑，他告诉我，的确有母子连心这回事。母亲同孩子之间会不断进行能量传递，一个眼神、一声叹息都能传递正面或者负面的能量。母亲的内心世界会不自觉地从言行和处世模式中流露出来，无形中影响到孩子的性格。

所以，要改变孩子，为人父母者就应当积极修正自己的思维方式，将负面能量转变成正面能量。

我一直以为问题在儿子身上，没想到该负责的居然是我。好吧，为了孩子，我决定改变。把负面想法扼杀在摇篮里，专家建议我先从"觉察能量"做起。所谓"觉察"，就是先观察自己的言行和想法，找到自己的问题所在。

专家给我提了三个问题，分别是："你如何看待你自己？如何看待你的家庭？如何看待你的孩子？"他让我以三个问题为中心观察自己的内心，记录自己的想法。

一周后，当我翻看自己的记录材料时，竟然吓了一跳，因为我第一次发现，原来自己脑中存在那么多的消极念头：比如"我很笨拙、身材不好、脾气太差、缺乏职场协调能力"……对于丈夫和儿子，我也存在许多消极的想法，我觉得儿子不够聪明、性格怯懦，而丈夫总是忽略我的感受、懒惰、不顾家、脾气也不好。此外，我还觉得自己的家庭问题重重，不似别人家其乐融融……

针对我的问题，专家开出药方：他要我把自己的想法整合起来，然后进行反义词造句，再用这些句子进行自我暗示，比如将"我不够漂亮，不够能干，对儿子无能为力"转换成"我是个优雅美丽、精明能干的主妇，能有效地帮助儿子……"此外，每次出现负面情绪的时候，都要迅速转换思维，进行逆向思考，摆脱自己看问题的旧模式。还有就是试着用新的眼光去看待身边的人，不要在情绪的左右下看人……

开始，我并不习惯积极思考，坏念头总会下意识地浮现。此时我会极力去遏制它们，快速转变思维，往好的一面去想。这个过程有点痛苦，但慢慢就习惯了。

此时我发现，丢弃了那些担忧、恐惧和自卑心理，我整个人变得轻松多了，周身开始散发新的生机。

内心变了，我的言行举止也随之发生了改变。这天我照例做了家人爱吃的海鲜面，给丈夫和儿子每人盛了一大碗。没想到丈夫吃了第一口就开始喊辣，儿子也看着面碗嘟哝道："这么多，喂猪啊……"如果是往常，我会立刻火冒三丈，然后对他们俩冷嘲热讽。但是这一次我捕捉到了自己的委屈和愤怒，然后揪出了致使它们出现的元凶：那就是我担心因厨艺不精而被嫌弃的心理。于是我试着告诉自己："其实我厨艺很好，丈夫和孩子也很爱我"。这样做了几次心理暗示，我觉得好多了。于是我稳定了一下情绪，帮丈夫加了一点汤，问他："这样还辣吗？"接着我又从儿子碗里拨出不少面给自己，并问他这些能否吃得了？虽然大家都没有作声，但我已经明显感觉到两人的表情缓和了很多，家里的氛围也发生了改变，火药味消失了，全家人愉快地用了一餐。

这次经历让我发现，我可以选择不生气，也有掌控氛围的能力。所以，我决定丢弃不合理的信念，放下担忧和恐惧，在修炼自己的同时影响丈夫和儿子。

坚持积极正面沟通，帮助孩子重拾自信心。专家告诉我，希望他人变成什么样子，就应当尝试用那种眼光去看他，这样就能潜移默化地影响对方的心态，完成正面能量的共振。

于是，我试着用新的眼光去看儿子。从前我的关注点集中在儿子的缺点上，虽然常常鼓励他，但孩子依然能感受到这种言不由衷，所以无法发生质的改变。现在我开始真正地欣赏儿子。我发现，他虽然不够自信，却心思缜密、情感细腻，具备较强的逻辑推理能力和语言表达能力。所以我开始真诚地赞扬孩子的优点，把他当作一个聪明能干的小孩来对待，并用正面语言来表达自己的期望和要求。

另外，我还准备了一些小道具来帮助自己和儿子调整心态，它们分别是消极情绪提醒手环、优点记录簿、视觉书和励志文件夹。消极情绪提醒手环其实就是普通的橡胶手环，和儿子打球时戴的并无差别，同时它也是《不抱怨的世界》中推荐的一款心理道具，用来提醒佩戴者觉察和转换负面能量。我买了一大一小两只手环，一只给儿子，一只给自己。我们约定，一旦脑中出现负面念头，比如觉得自己不够优秀，做不成某事，就马上把手环换到另一只手上，以此来提醒自己终止负面想法，进行积极的自我暗示。

此外，我还准备了两个精致的便笺本，和儿子约定每天在优点记录簿上记录自己的优点和成绩。比如，我会在本子上写"我做事麻利，工作有条理；""我厨艺不错，会做面点"……儿子也会在本子上记录"我英文成绩好，作文写得也不错；""今天的演讲比赛拿了第三名，老师说我的口才不错"……我还和儿子约定，随身携带记录簿，坚持记录并随时翻看，以此来激励自己，提升自信心。此外，我还和儿子一起制作了一本视觉书，尽可能详细地将自己的愿望视觉化，然后收纳到其中。比如，我梦想着和家人一起去泰国旅游。我从网上找了不少泰国的图片，将其打印出来，粘在视觉书上；儿子也把自己向往的中学和奖状的图片资料整理好，贴到书中。"视觉书"制作好之后，我们将其放在最显眼的位置，然后经常温习里面的内容，以此激发斗志，培养正能量。

此外，我还在电脑上建立了一个励志文件夹，用来收藏能够传递正能量的歌曲、电影和视频讲座。有空的时候，我就和儿子一起听歌听讲座、看视频。儿子最爱听《男儿当自强》和《向日葵》，每次听完都会热血沸腾，小脸激动得通红。而《秘密》《力量》和《当幸福来敲门》等励志大片也是儿子的最爱。假期时他拉着我和丈夫陪他看了一遍又一遍，还一本正经地宣称自己要运用吸引力法则转变思维，吸引正能量。

看到儿子的改变，我和丈夫都很欣慰，特意买了很多经典的励志书籍送给他，比如《人生不设限》等，儿子都非常喜欢。为了奖励儿子，我还开始留意影讯，如果有合适的励志电影就带儿子去影院观影。比如《少年派的奇幻漂流》热播时，我特意在百忙中陪儿子去看。看完后儿子深受鼓舞，还写了一篇激情洋溢的观后感，说自己要向派学习，勇敢面对不完美的人生。

通过不断地给心灵充电，儿子内心的阴霾被渐渐扫除，变得越来越自信。我也开始更加自如地穿梭于家庭与职场之间，变成了一个优雅自信的妈妈。

我想告诉那些忧虑重重的妈妈们，与其苛责、训斥孩子，强行将某种观念注入他们的头脑，不如先从自己做起，成为一名"正能量"妈妈，然后再影响孩子，赋予他们积极的能量。要知道，一个母亲自身的能量场是否积极，通常决定了一个家庭是否幸福，也影响着孩子未来的幸福走向。

（沈青黎/文，摘自《少年儿童研究》2013年第17期）

孩子的鉴赏力要靠最好的作品培养

——如何提高孩子的阅读意识、能力和习惯

冉教授：

您好！

本该上周末就回信的，又近两周了，我好像有很多话要说，但要组织起来却又不知如何说起。这是否是脑袋空洞的表现呢？

女儿第二次物理测试只有71分，她不让我告诉她父亲，说要考到85分以上才让我说。这孩子在她父亲面前十分要面子（大多数情况是报喜不报忧），在我面前无话不说。我和女儿说："这次考了60—70分，说明很多知识点没掌握好，或是刚理解，但不会活用，你如何补上呢？"女儿说："我觉得还是做题少，一科一般都配有2—3本习题，我只做了一本，别人都做了。"我发现女儿课后及时复习少，不定期复习也少，主动系统复习更少。我该怎么做才能让她改变？

通常，每周五晚上是我们母女俩最休闲放松的时间，一般是逛街、购物，最后在"席殊书屋"待上1—2小时，看看杂书。我一般找教育和生活保健方面的书，女儿呢，就找童话或杨红樱写的小说看。她的阅读视野还不宽泛，而晚上9：30上床后还看《居里夫人》。老师布置看四大名著，她似乎不感兴趣，觉得没有自己想看的书更耐人寻味。您看我如何引导？

要把一个懵懂的孩子教育成理性、自立、自强，且情感细腻丰富的人，真不知要如何付出才是。好在仅一个孩子，要是多了，生活质量还不知道有多差！优秀的人不一定就培养出优秀的孩子，何况一般的人？我如何才能培养出较优秀的孩子？这不仅仅是为自己谋生的问题，也是为社会输送优秀公民的问题。

此致

礼！

慧灵

2006年10月22日

家长朋友：

　　根据您的信，我想就两个问题交换意见。

　　一是孩子的阅读问题，我很赞成歌德和华南师范大学郭思乐教授的看法。

　　歌德认为，鉴赏力不是靠观赏中等作品，而是要靠最好的作品才能培养成的。郭思乐教授的"两极思考"是：一方面，让儿童发挥天性，"无指导"地涂写儿童画；而另一方面，则是让儿童接触中外最著名的画家的画，并尽可能少让一般化的指教去局限儿童。

　　所以，您的孩子可以在这两极中选择阅读。但是随着孩子的长大，要观察她的需求变化，尤其是理想、志向方面，根据这方面提供阅读建议。

　　二是关于父亲的（大多数情况是报喜不报忧）问题。我觉得在信任关系之内（如母女、父女关系）的人，应该让孩子坦诚相待，认真克服虚荣心也很重要。

　　我很想知道您对这两个问题的看法。

您的朋友　冉乃彦
2006年11月8日

相关链接

快乐阅读

　　天下父母恐怕都是喜欢孩子读书的，只要看见孩子在看书，父母心里就觉得踏实。但是，父母希望孩子读书的目的却大不相同。有的父母希望孩子通过阅读获得快乐，增长知识开阔视野；有的父母希望孩子通过阅读写好作文，将来考试得高分。正因为如此，孩子才会经常和父母发生矛盾。孩子爱看的，父母大多比较反对。例如，孩子爱看童话、寓言、神话、成语故事、历史故事、科幻、惊险离奇故事、笑话、谜语等，而父母却希望孩子多看些知识书籍，如自然、地理、天文或者是学业指导书籍。在内容上，孩子们大多希望看趣味性、知识性、刺激性较强的课外书，而父母则希望他们看与学业有关的书籍。父母们望子成龙的心态可以理解，但是父母的想法往往遏止了孩子阅读的兴趣。如果父母按照成人的愿望和需求来安排孩子的阅读，则有可能把孩子阅读的快乐变成痛苦。这样非但不能培养爱读书的好习惯，还有可能让孩子憎恨书籍。所以，阅读要以快乐为原则。

当然，这并不是说只要是孩子愿意看书父母就不用管了，适当的引导还是必要的。父母不仅要关注孩子是否看书，还要关注孩子在看什么书。不同年龄的孩子要选择不同的书。有的父母特别舍得在孩子身上投资，买书从不吝啬。家里光是孩子的书就整整一面书柜，他们认为开卷有益，只要孩子能看书，看一点儿也好。实际上，书不是越多越好，而是要真正适合孩子，适合的才是最好的。所以，父母给孩子买书，要特别遵循孩子的兴趣，另外书太多了，有的孩子就不知道珍惜，反而变得浪费，或者有"腻了"的感觉。还有，如果书买得太多了，在内容上不加选择，可能会让孩子不分良莠，囫囵吞枣。

从长远发展的眼光看，孩子喜欢课外阅读，是会学习的表现。这不仅对他们的学习有帮助，还能充实他们的休闲时间，有助于塑造孩子的品格，丰富孩子的心灵。读书兴趣和读书习惯都是需要培养的，家长们要保持一份耐心，引导孩子热爱读书，走入知识的殿堂。

1. 尊重孩子的阅读兴趣

孩子是阅读的主体，父母要给孩子提供一些他喜欢的、高趣味性的阅读材料，这样可以放宽孩子的阅读范围，让孩子自由地阅读自己喜欢的内容，自由地发挥他的阅读天性，从而爱上阅读。

2. 在家中营造读书氛围

有些父母只要求孩子读书，自己却不喜欢读书，业余时间要么看电视，要么玩电脑。还有的父母只在孩子面前装样子，孩子在跟前的时候就拿起书来，孩子一走就放下书做自己的事。这样的环境难以培养爱读书的孩子。孩子常常喜欢模仿家长，父母手不释卷，孩子自然也会对书产生兴趣。孩子多接触到书，便会把书当成生活的一部分。父母可以在书架上孩子伸手可及的地方摆上孩子喜欢的书，与孩子一起读书，交流读书的心得。

3. 多创造亲子共读的机会

孩子越小，父母参与阅读越重要。父母可以和孩子一起读书，一起表演书中的故事。比如，爸爸扮演大灰狼，孩子扮演小兔子，把《小兔开门》的故事表演一遍。这样，孩子有兴趣读书了，对书中的故事也记忆深刻了。对年龄大些的孩子，父母可以和孩子一起讨论、交流，各自谈谈自己的想法，特别要注意倾听孩子的想法。

4. 多感官看书

在课外阅读的内容上，少年儿童更喜欢趣味性、知识性、刺激性较强的课外读物。您不妨试着把感官性和知识性结合起来，在为孩子选择知识性读物时可以买配套的磁带、光盘等，不但更生动，还能同时调动孩子的各种感官，容易理解，记忆也更深刻。

5. 为孩子订阅至少一份报刊

报刊杂志也是很好的课外读物，而且内容更新快，时事性强。选择一种或几种孩子感兴趣的报刊，不仅可使孩子的阅读具有连续性，而且比较容易读完，孩子也有成就感。

6. 善于利用图书馆借书阅读

"书非借不能读也"，借书来读，会有一种紧迫感，促使人们尽快读完。同时，因为书是借来的，也会格外认真阅读。现在很多城市甚至乡村都有当地的图书馆可以供居民使用，父母要多利用这些图书馆，节假日和周末多带孩子到图书馆去，让孩子感受人们阅读的氛围，同时也让孩子自己选择图书。父母还可以经常带孩子去逛书店、书市等。

7. 常备"口袋书"

袖珍书虽然小，里面的知识可不少。在自家的车上，或是随身的背包里时常放一本小书，在排队等候、堵车等时候孩子都可以阅读。父母也可以多给孩子买薄一些的书，让孩子能在短时间内体会到读完一本书的乐趣。

8. 让阅读进度清晰可见

父母可以和孩子一起制订读书计划，并制作完成表，把孩子每一次阅读的进展都写在表格里，这样孩子便可以看到自己每天在进步，也会增加阅读的信心和兴趣。

9. 安排家庭固定的读书时间

父母可以和孩子一起商定一个家庭共同的读书时间，每到了这个时间，全家一起阅读，并分享各自的读书体会。同时，父母也要教会孩子利用边角料时间阅读。父母还可以让孩子当小老师，把看过的书讲给爸爸妈妈或者伙伴听，帮助孩子树立阅读的信心。

10. 多启发孩子思考

书籍如同海洋，成千上万，读是读不完的。而且，书籍是别人思考的结晶，如果只是博览群书而缺乏思考，往往会弱化一个人的思考能力。因此，父母在引导孩子阅读的同时，还要引导孩子多思考。例如，经常问孩子几个为什么，经常让孩子总结一下书里最精彩的几句话，经常启发孩子用自己的话概括书中人物的性格……这些都是引导孩子思考的方法。通过启发思考，锻炼孩子的思维能力。

第 7 封 来 往 信

孩子不听话，父母不应烦恼

——教育需要一种必要的等待

冉教授：

您好！

首先和您说说女儿期中考试的成绩：语文95分，数学111分，英语96分，物理95分（这次班上考了第1），总分在班上排名第4，她自己也说是英语拖了后腿，很伤心，究其原因是英语每月花了100元（一周4天）去补课，其余科目都没补，女儿说："付出了时间和努力，却不太见成绩。"女儿早上难得朗读，通常6:30起床、洗漱，然后吃饭上学。我一再说每天在家读半小时语文或英语，她却说自己早上眼睁不开，起不来，要求傍晚读半小时，却又坚持不到三两天……有时我一想起孩子不听话，心很烦，因为没找到好的策略。

"鉴赏力不是靠观赏中等作品，而是要靠最好的作品才能培养成的。"书是良莠不齐的，人是五颜六色的，我认为看最经典的优秀作品，才是汲取最好的心灵滋养，交优秀的朋友更会得到积极健康的性情感染。我喜欢看中央电视台第10套的《大家》，有时就拉女儿陪我一起看，觉得这也是一种享受。我赞同孩子看《大长今》一类的励志电视以及四大名著改编的电视剧，也支持她看中央电视台第十套的其他科教节目。她自己却喜欢看动画片，上网看日本的《美少女战士》，阅读《哈利·波特》等。

您所说的"两极思考"，我这么认为：一方面，不局限孩子，让她尽情地听、说、想、读、写、思，鼓励她多看、多说、多写、多想象。另一方面，我时机有意识地推荐她接触一些经典的作品，父母也不必先入为主，指指点点。要让孩子自己去品味。

女儿真是大考大玩，这周前三天考试，后两天开运动会，她负责宣传工作。昨天整整一上午，她都在做拉拉队的小旗，就是不看课本，实在没人玩，她就看《居里夫人》，我也不知道她从中汲取了些什么，昨天又借了一本《苔丝》。

这孩子有点虚荣，但还是懂事的。前两次考试后不肯告诉她父亲成绩，是怕看到他不悦的表情，她说不怕我，说："我想给家人带来欢乐，做一个令人开心的女孩子。"她的喜怒哀乐以及点点滴滴都与我分享。我很早发现这孩子好胜心强，面子重（小学时只要考到95分以上，就放在手上晃）。我希望她有一颗坚实的自尊心。

　　此致

礼！

慧灵

2006年11月10日

家长朋友：

　　看起来，教育确实需要一种必要的等待，尤其对于家长。教育有"滞后性"，不可能立竿见影。不善于等待，就会急于求成、越俎代庖，而往往欲速则不达。怎样善于做必要的等待？我认为，一是冷静想想目前的观点和措施究竟对不对；二是在等待的时候要学会"睁一只眼，闭一只眼"，集中优势兵力解决最重要的事情，其他往后放。

　　孩子的虚荣心问题，需要我们进一步思考。因为虚荣心追求的只是表面的荣誉，实际上会影响她自己树立真正的自尊心，不能使她的内心世界强大起来。

　　让女儿发展发展再看。另外，我想知道孩子的睡眠时间够不够？我很赞赏您"希望她有一颗坚实的自尊心"的主张。

您的朋友　冉乃彦

2006年11月22日

✈ **相关链接**

为什么孩子的学习成绩提不上去？

　　经常会有家长提问：我的孩子看起来很聪明、很机灵，但就是学习成绩提不上去。到底是什么原因？

研究观察：这类孩子虽然聪明，但往往习惯很差，一边写作业一边玩橡皮、铅笔，一边看书一边看电视，或者一边学习一边吃喝，这些小动作已经成了他们的不良习惯，这自然会降低他们的学习效率，影响学习成绩。所以，有的孩子看起来学习时间很长，但没有效率。聪明孩子特别容易出这样的问题，有的父母觉得自己的孩子挺聪明的，脑筋够用，当孩子边学边玩的时候，父母也不太管教，结果成了习惯，到后来想改的时候已经很困难了。

再看下高考状元们，其实他们都没有什么特殊的秘诀，就是爱学习，可以说每个状元都有良好的学习习惯。这些习惯已经成为他们素质的一部分，如果不让他们学，他们都会觉得难受。因此，让孩子爱上学习，并保持良好的学习习惯，是非常必要的。

（摘自孙宏艳/文，《对话——家庭教育高端访谈实录》）

☺ 温馨小贴士

要对家人说真话

父母与子女之间的关系，应该是互相信任关系，因此不应该因为好面子而使用"必要谎言"和"善意谎言"。提出"必要谎言""善意谎言"，也是对转型期教育工作的挑战。生活在多元文化的社会中，面对存在着欺诈欺骗、假冒伪劣的社会现实，儿童及早地意识到、区分开"必要谎言""善意谎言"和"恶意谎言"本质的不同，应该说不仅可能，而且需要。正像小学生说的："我想，老实人如果跟坏人打交道就会吃亏，如果跟好人就不会吃亏"；而"有的时候该说真话就说真话，该说假话就说假话"。

但是这在教育上要冒很大风险。因为尚未成熟的孩子，能在多大程度上恰当地掌握"必要谎言""善意谎言"？实在没有把握。可是给"谎言"打开一个口子，会不会出现决口的现象？

目前，至少可以限定只能在以下三个方面允许使用"必要谎言""善意谎言"：一是不在信任关系中的人（敌人、骗子）；

二是对方不能理解、承受事实真相（如实话会引起癌症病人病情恶化）；三是自己做好事不留名（美丽的谎言）。

对于儿童，因为他们基本生活在"信任关系人"中，除了出于自我保护要警惕骗子外，不能随意扩大所谓"必要谎言""善意谎言"的范围。

这种教育如果进行得好，实际上会提高道德教育的实效。因为诚实并不是最高的原则，价值才是最高的原则。诚实是指真心的行为，也就是要真心使对方真正地受益。不是为诚实而诚实，诚实应该体现一种价值，所以，诚实不等于讲老实话。

但是，有时候面对敌人、骗子，甚至暂时不理解自己的好人，也需要说实话。因为新的真理一般总要受到迫害，当坚持真理对人类发展具有重大意义的时候，就要勇敢地、不怕付出代价地说实话（如布鲁诺面对敌人和暂时不理解自己的好人喊："你们可以烧死我，但是地球还是围着太阳转"）。有时候，虽然因说真话要牺牲个人，但能够唤起一代人的觉醒，就要坚持说真话；而有时候，需要说假话保全宝贵的生命，去为真理而斗争，就要使用"必要谎言"。当生命的价值和真理的价值处在"鱼和熊掌不可兼得"的状态时，对生命价值的本质理解和对真理价值的本质理解，更显得极其重要。这对于学生而言自然是十分困难的事情。但是，诚实教育的最终目的应该在这里。因此，我们应循序渐进，但始终如一地将诚实教育进行到底。

第 8 封 来 往 信

母女间 "战争" 所引发的

—— 对少年更需要 "冷处理"

冉教授：

您好！

近来忙吗？不知您读到上封邮件，想法如何？请指点。

今天我又碰上难题了。女儿在期中考试之后，我更关心她的英语，于是，我让她在旺旺英语网站中练习"新概念英语听力"，每天20分钟，晚饭后再读20分钟英语课本，要求女儿背诵下来，可她只坚持了3天。今天中午我们又爆发了一场"战争"。

吃过中饭，我给她调到"新概念英语听力"，听三四遍后，问她是否听懂了，她不吱声，于是打开英文让她看。她边听边看英文。再问她懂了吗？她还是不吱声，最后我拿来本子和笔，让她听写。她火了："我哪门不好，就知道要提高这门，听就算了，还要写，烦死了！"说着眼泪如珠子般滚落，"妈，你知道我在想什么吗？我要什么吗？学校马上又要选学生参加市数学竞赛，我想参加，我要参加，可昨天数学测试，我只得了89分，有好几个90分，我急呢！"我说："急有什么用，要用实力才行，你努力了，万一不能参加也没关系。"她说："还有您这样笨的妈妈吗？别人的父母都鼓励孩子一定要参加，千方百计地帮助孩子参加。您呢，不但不帮，还这样那样，就知道英语，您也可以这段时间关注一下我的数学。"我震惊不小。

冉教授，您说，我该怎么应对呢？

此致

礼！

慧灵

2006年11月22日

家长朋友：

上次回信没有发出，就见此信，更感到需要冷一冷。女儿的烦恼还是可以理解的。您再同她交流一下如何？一看，二听，三要帮。

亲子关系中，相互的沟通十分重要。首先，在孩子情绪激动时，家长要安抚孩子，让她平静下来，情绪激动时进行语言交流效果很差。其次，家长要尽量理解孩子的需要，支持她需要当中合理的部分（如想参加数学竞赛），而不是"对着干"。

我想将我们的通信交流隐去真实名字放到博客上，能够使感兴趣的人都来交流，集中更多人的智慧，如何？

您的朋友 冉乃彦

2006年11月24日

➤ 相关链接

学生偏科的原因及应对策略

偏科一般是指孩子特别喜欢某一门或几门功课，而且成绩较好；同时不喜欢某一门或几门功课，成绩让教师、家长失望。目前，很多中小学生偏科现象十分严重，尤其是中学生。

一、学生偏科的原因分析

1. 学生对所学科目不感兴趣导致偏科

许多学生单纯凭兴趣学习，感兴趣的学科就多学点，不喜欢的就扔到一边。某些学科基础薄弱，学习起来很吃力，难以赶上去，甚至干脆放弃。

2. 存在错误认识，重此轻彼

有的同学认为自己将来要当数学家，语文好不好都没关系；想当作家的同学，就认为学好数学、物理、化学没必要。有的同学有"急功近利"的思想，认为自己将来要考文科，就忽视物理、化学；要考理科，就忽视历史、地理。

3．和教师的关系决定学生学习的兴趣

有的学生把和教师关系的协调与否作为其学习该科的动力，如果喜欢某科的教师，就有兴趣学习；如果不喜欢则老跟教师闹别扭，就会对该科教师的课感到厌烦并听不进去，更不愿下功夫学习。

二、纠正学生偏科的对策

无论是何种原因造成的偏科，在进入总复习阶段都要对症下药，做到：

1．端正认识，全面发展

现代科学发展的总趋势是不断走向综合，包括高考也在逐步增加综合学科的比重，因此学好初中阶段的各门学科是获得全面发展的基础。况且，各门学科都是相通的，一门学科学得好，有助于其他学科的学习；一门学科学不好，也会影响其他学科学习的进步。如果数学没学好，物理、化学也就难以学好；如果语文中阅读理解能力差，数学题意都难以搞明白。因此，学习不能只抓一两门自己喜欢或认为重要的学科，而应学好每一门功课。

当然，反对偏科并不意味着不能有自己的优势学科。在各门学科学得较好的情况下，可以根据兴趣和特长，突出抓好优势学科的学习。在学好一般课程的基础上，应该对某一功课有比较深刻的了解，这样可以为以后在某个方面有所成就或选择职业奠定基础。

2．培养学生薄弱学科的兴趣

有的同学对某些学科不感兴趣，这就要求首先培养学习这门学科的兴趣。有了兴趣，自然容易学好，可以将对其他学科的兴趣迁移到这些学科上来，认识到这些学科的重要性，可以培养其对学科的间接兴趣。薄弱学科的学习基础较差，因此要注意复习旧知识，打牢基础。有的同学是因为学习方法不当，造成有些学科没有学好，可以向代课教师或学习优秀的同学请教学习方法。最重要的是，对薄弱学科倾注更多的时间和精力，多下功夫。"只要功夫深，铁杵磨成针"，因此只有用功学习，才能将薄弱学科学好。

3. 与任课教师处理好关系

有的学生与任课教师闹别扭,不愿意学习这位教师的课,出现偏科,只能自食苦果。当与教师发生矛盾冲突时,应该多站在教师的角度想想,应该多一份宽容和理解,营造良好的师生关系。当复习遇到疑难问题时,要虚心向教师请教;多和教师谈谈自己的学习状况,请教师给予指导和帮助。如此,学生就会越来越喜欢他讲的那门课,愿意努力学好它,就肯定会取得理想的成绩。

4. 加强对学生学法的指导

我们加强学法指导,把学生真正作为学习的主体。通过设立学习目标管理卡,让学生制订总目标和分段目标,使自己有努力的方向和前进的动力,更主要的是能自我把握,力求各科平衡发展。偏科学生普遍表现出对薄弱科缺乏信心,望而生畏,少读或干脆不读。就需要教师、家长、学生树立共同的观念,鼓励学生重新树立起学习信心,确立切合实际的总目标和分目标。当他们获得一点进步时,教师应充分地肯定和表扬。只有这样,他们才能充满自信,勇往直前,不断进步。

(赵杰、郭云岭/文,摘自《陕西教育(教师教学)》2009年第7期)

☺ **温馨小贴士**

沟通需要耐心

奥哈拉是一位成功的商人,他业余致力于慈善事业,为一所中学的贫困生代缴了中学期间的全部费用。

为了让更多的人关注慈善事业,奥哈拉打算拍一段他和他资助过的孩子们的视频发到网上去。奥哈拉向校长表达了自己的想法,谁知道校长毫不留情地拒绝了。奥哈拉很生气,觉得校方不会感恩,并再也不向这所学校捐款了。

时隔多年,一次宴会上,奥哈拉与校长相遇,奥哈拉忍不住问道:"校长先生,您当初为什么要拒绝我的请求?""我亲爱的奥哈拉先生,我只是为了维护那些孩子们的尊严,谁愿意把自己的贫穷昭告天下呢！"校长无奈地耸耸肩说道。

"天啊，原来是那样，您拒绝我的时候就应该把原因告诉我，那我也不至于会停止向贫困的孩子们捐款啊！"奥哈拉十分沮丧。

"奥哈拉先生，可是您当时并没有问我原因就气急败坏地走了啊!"我们试想，如果奥哈拉与校长能够多沟通，哪怕一分钟，就会发现事实的真相。很多时候我们都会被自己的情绪支配，总认为自己是对的，而缺乏和别人多交流的耐心，从而造成一系列误会。我们在与人沟通中应该多点耐心，才能达到我们理想的效果。

（阿莲/文，摘自《做人与处世》2012年第9期）

第 9 封 来 往 信

文 武 之 道 ， 一 张 一 弛

——重视孩子繁重学习中的劳逸结合

冉教授：

　　您好！

　　春风化雨，润物无声，真诚无价，谢谢您！

　　先安后静，心静而神清。我也发现自己有时情绪不稳，爱唠叨。只要我在洗衣或烧饭，女儿在看无聊的情感纠葛的生活剧时，我一声止不住女儿的行为，就两声，第三声时我的嗓门更大，声音更粗，女儿则马上换台。您让我学着当导演，反成了伙计，"教育"成了马后炮。

　　"自信心来源于自身能力发展过程中的成功体验，以及自己头脑积累的知识和自己身上沉淀的各种能力。它应该是在生活、发展进取过程中日趋坚定的。自信心绝非是外界奖褒或与外人的比较中产生的。它不因为赞同别人而淹没自我，也不因否定别人而心有不安。"每当看到女儿为分数高低而难过一阵、平时又贪玩时，我就怕她积极的学习态度会"跑掉"，怕她失去良好的学习感觉。

　　孩子要养成五个好习惯，一是学习有计划；二是学习要定时；三是学习要定量；四是学习时要专注敏捷；五是学习态度要认真踏实。我只尽力做好自己该做的。没见她制订预习计划，只是过问她课前预习否，具体细节没关注。不过，我也留意到，她的学习时间是有保证的：午饭后（12:30），她一般会做上午作业，若没有作业则会看电视，之后上学去；晚饭6:30之前结束，学习时间约3小时30分钟左右（我要求她每45分钟休息10分钟），女儿一般是累了才休息，到晚上10点就会泡脚上床，一般还要看15—20分钟的书才睡。早晨呢，是6:30之后才起床。女儿没睡够是不起的，周六、周日都要睡到7:30才起床，晚上不肯早睡。

　　您想将我的这些粗糙的文字拿到您的博客上去，好是好，怕没回声。不过现在我仍以此方式联络您。

　　此致

礼!

慧灵

2006年12月7日

家长朋友：

　　我觉得自信心不只如您所说："来源于自身能力发展过程中的成功体验，以及自己头脑积累的知识和自己身上沉淀的各种能力"，对于年龄小的孩子，"重要他人"的评价也是关键的。您所提炼的"五个学习好习惯"是挺不错的，但能不能再加上一个博览群书的好习惯?

　　您对她设定的休息10分钟的方法也很好。她的睡眠应该保证，这才让人放心。现在许多孩子睡眠严重不足，实在是舍本求末。

　　有家出版社约我写一本关于生命教育的书，您了解孩子状态如何，在这方面有什么看法?

您的朋友 冉乃彦

2006年12月29日

相关链接

不良情绪的调控

不良情绪往往是由各种不良刺激所引起的，是任何人都不愿意选择的，但在现实生活中由于社会、生物和自然等多种原因，不良刺激又是十分常见的。因此，对不良刺激有一个正确的认知态度，预防和减少各种不良情绪的产生。不良情绪的调控方法如下：

第一，试着改变自己的认知角度，也就是换一个角度看待令自己不愉快的刺激。"塞翁失马，焉知非福？""不幸中的万幸"，都是典型的例子，也就是要在不利中看到对自己有利的一面。

第二，要弱化不良刺激，万不可将不良刺激无限放大。如果一个人将不良刺激已经输入了大脑，那就应该尽可能地不记忆、不思考、不想象，也就是对这个信息尽量不储存、不加工，更不要自己将其放大，自寻烦恼。最好的办法是尽可能地将自己的注意力转移到那些最能使自己感到自信、愉快和充实的活动上去。

第三，要学会体谅和宽容。现实生活中，我们所产生的许多烦恼都是由于别人的行为损伤了我们，或者是我们受到侵犯，我们的需要受到了限制，从而产生了愤怒的情绪，要化解这类不良情绪，最好的办法就是对对方体谅和宽容，尽量从善意的角度去理解他人。

第四，利用抵消法，消除不良情绪。当某一刺激使我们产生不良情绪时，有意识地采取一些行动，寻找另外一些刺激，使之抵消原有的刺激。人的身心是紧密联系在一起的，形神是相互影响的。一个人感到高兴时就会微笑；反过来，当一个人心里不大高兴时，如果微笑就会改变自己内在的情绪。当人们激愤、感情冲动、很想发作的时候，就会产生一种采取行动的潜在需要，如拍桌子、摔东西、从座位上站起来甚至捶胸顿足等。这时我们可以采取联系着积极情绪的行动，不是拍桌子，而是将桌子上的东西整理一下；不是捶胸顿足，而是摸摸头发，向对方微笑；不是摔东西，而是把自己的上衣整理一下；不是一跃而起，而是站起来给对方端一把椅子请他坐下，这样做，就会抵消或削弱不良情绪的反应。

第五，宣泄是消除不良情绪不可忽视的途径。这里的宣泄是一种理智的表达，而不是感性的发泄。用这种方法来调控自己的不良情绪可以有多种形式：一种是书写。写给对方或中间人，把自己心中的委屈、烦闷、气愤都痛快淋漓地写出来。写完之后再多念几遍，让心中的闷气都发泄出来，气消之后，把它撕掉，不留痕迹。另外一种方法是谈心。找一个有热心、耐心、公正、宽厚、有见识、对自己又比较了解的人谈谈心，把自己心中的话痛痛快快地倒出来，并得到对方的劝导，心中会有一种舒畅的感觉。再有一种方法就是直接找对方诚恳地谈谈，以求双方都做出一些让步，都能接受。还有一种方法是从事一项体育活动或找一个替代物进行发泄。当自己十分苦闷，自己的秘密又不想让别人知道，深陷痛苦之中不能自拔的时候，可以通过体育活动让自己出一身大汗，使不良情绪得到缓解，或者是找一个怨恨对象的替代物，如被子、沙袋等进行击打，同样可以使自己的情绪趋于平稳。

总之，预防和调控不良情绪要尽量抵制不良刺激的侵入和放大，一旦产生了不良情绪，要通过体谅、宽容和升华加以转变和消化。对于那些抵制未尽、转化未完的部分，要通过有意识的行动加以抵消，通过利用和发泄加以处理与解决。

一句话，我们要充分重视不良情绪的危害性，对各种不良刺激可能带来的负性影响做到积极地预防和调控。

（王淑合/文，摘自《求实》2004年第5期）

 小知识

什么是重要他人？

"重要他人"是心理学中的一个概念，就是说对人影响最大的人。对于小学生来说，教师和家长就是他们的重要他人，特别是教师；对中学生来说，家长、同伴是他们的重要他人。如果教师、家长对孩子的态度是积极的、高期望的，那么孩子就会发展得好一些。假如说一个孩子不被家长、老师喜欢、被轻看，那么孩子的社会心理处境就是处于不利的地位。在这方面，有一个著名的实验，叫"皮格马利翁效应"。1968年，美国哈佛大学一位叫罗森塔尔的教授主持了这项实验。他们随机选择了8个班的1—6年级的小学生，运用智力测验的方法对他们进行鉴定，然后，专家们给这些学生的老师一份名单，告诉老师说，名单上的孩子智力很好，他们将来在学业上会有迅猛发展。但实际上，这份名单只是随意写出来的，并不是智力测验的真正结果。老师们信以为真，对名单上的孩子印象好，态度好，期望高。8个月后，专家们对实验的8个班进行复测，结果发现，初测结果与复测结果有明显不同：被列入名单的学生比没列入名单的学生智力有明显提高，而且，在6个年级中，1—2年级的学生变化最大，有近一半的学生智商提高达到10分以上。这说明，教师的态度可以直接影响到学生的智力水平。学生的学校社会心理处境分化正是从教师的态度开始的。

☺ 温馨小贴士
你会休息？

一个人的一生中，有三分之一多的时间是在睡眠中度过的。良好睡眠，可调节生理机能，维持神经系统的平衡，是生命中重要的一环。睡眠不良、不足，第二天就会头昏脑涨、全身无力。

1. 睡眠要适量

美国心理学教授詹姆斯·马斯博士指出：一个人晚上睡眠6—7个小时是不够的。他对睡眠研究的结果表明，只有8个小时睡眠才能够使人体功能达到高峰。所以什么是"适量"，主要是"以精神和体力的恢复"作为标准。

人的睡眠分为慢动眼睡眠和快动眼睡眠两个时向。浓度的快动眼睡眠在记忆储存、维持组织、信息整理及新的学习、表现等都发生在快动眼睡眠的最后阶段，而快动眼睡眠通常发生在8小时睡眠期的后部，并可以持续90分钟左右。虽然我们可能并没有觉察到，但是，我们当中大部分人的睡眠其实都是不够的，这不仅降低了生活质量，还可能引发疾疾。

为了弥补这种普遍的睡眠不足，马斯博士提倡"小睡"。这种小睡是指每天正式睡眠醒来后再小睡20分钟，其效果比晚上早睡要好得多。

影响生物钟的运行的因素之一是体温。研究证明，人的体温波动对生物钟的节律有很大的影响。人的体温下降就容易引起睡意，这是利用体温调节生物钟的有效方法。如果体温调节失控，就会引起睡眠生物钟发生紊乱。控制体温的方法很多，例如，睡前洗澡，或睡前做20分钟的有氧运动等，睡觉的时候体温就会有所下降。

总之，形成习惯之后，人就会按时入睡。青少年要养成良好的睡眠习惯，这是最重要的。生物钟是不能轻易破坏的，千万不要在星期六、星期天晚上不睡，白天不起，破坏了自己的生物钟。

2. 睡觉时间

要想提高睡眠质量，必须注意入睡时间；能取得较好的睡眠质量的入睡时间是晚上9点到11点，中午12点到1点30分，凌晨2点到3点30分，这时人体精力下降，反应迟缓，思维减慢，情绪低下，利于人体转入慢波睡眠，以进入甜美的梦乡。

3. 中学生如何提高睡眠质量?

什么样的睡眠才是最好的?睡眠应该是一种无意识的愉快状态。就算睡的时间短，而第二天起床能够很有精神，就表示有好的睡眠"品质"，但是如果在睡了很久之后仍然觉得很累，就表示睡眠质量很差。中学生提高睡眠质量的方法如下：

（1）坚持有规律的作息时间，在周末不要睡得太晚。如果你周六睡得晚周日起得晚，那么周日晚上你可能就会失眠。

（2）睡前勿猛吃猛喝。在睡觉前大约两个小时吃少量的晚餐，不要喝太多的水，因为晚上不断上厕所会影响睡眠质量；晚上不要吃辛辣的富含油脂的食物，因为这些食物也会影响睡眠。

（3）睡前远离咖啡和尼古丁，建议睡觉前8小时不要喝咖啡。

（4）选择锻炼时间。下午锻炼是帮助睡眠的最佳时间，而有规律的身体锻炼能提高夜间睡眠的质量。

（5）保持室温稍凉。卧室温度稍低有助于睡眠。

（6）大睡要放在晚间。白天打盹可能会导致夜晚睡眠时间被"剥夺"。白天的睡眠时间严格控制在1个小时以内，且不能在下午3点后还睡觉。

（7）保持安静。关掉电视和收音机，因为安静对提高睡眠质量是非常有益的。

（8）舒适的床。一张舒适的床给你提供一个良好的睡眠空间。另外，你要确定床是否够宽敞。

（9）睡前洗澡。睡觉之前的一个热水澡有助于你放松肌肉，可令你睡得更好。

（刘倩倩等/文，摘自海南省教育研究培训院"好研"网）

第 10 封 来 往 信

最珍贵的是孩子认识到自己的错误

——引导孩子写"反思日记"

冉教授：

新年将至，提笔先祝您全家幸福安康！

我把生命视为上苍赠给的一份礼物，首先应该珍惜，我希望女儿珍视自己的生命，把身体健康放在首位；同时，我也视生命为一份极有挖掘价值的宝藏，要有良好的素养、学识和性情，生活才有滋味。

我和您汇报下这次女儿的期末成绩：语文为85分，数学为107分，英语为86分，物理为79分，排名第7。横向看，全班第1名的孩子成绩：语文为93分，数学为116分，英语为96分，物理为88分；全班第2名的成绩是：语文为90分，数学为104分，英语为88分，物理为87分。

第2名之后分数差别不大。我觉得女儿的文科科目要加强，理科科目要调整，而其他学科也不能忽视(其他科目全开卷)，若暂时成绩退步一点儿关系不大，但习惯要好。为了让女儿寒假里早上能开始早读，我特别设立了一项"早读行为奖"，只要女儿每天坚持早读20分钟英语、20分钟语文，就奖5角，另加5分利息(我认为好习惯如存在银行的钱，是会升值的)。女儿断断续续地坚持了几天。一次，她打电话给成绩第1名的同学，听同学父亲说还在休息呢(当时已8:30)，于是她也连着几天睡到八点多钟，我忍着没有发火！

下面是我女儿的一篇反省日记，我想让您看看。

无聊地闹脾气

今天，我认为我自己十分可笑，竟为妈妈不太支持我看小说而大发脾气。今天下午，我对妈妈说，我还想买一本《茶花女》看。妈妈说："我认为你现在最好应多看中国古代四大名著，长篇小说你现在还很难理解，再说你只是浏览，没有必要买，要买就买工具性的和经典性的书。"我心想："别人父母听到自己子女说要买书，高兴都来不及，怎么妈妈连我想看小说都不同意？"我说："我不喜欢看古代四大名著，只喜欢外国小说。"妈妈又说："你要买就去买，反正钱在你那儿。"听了妈妈的话，我的火山爆发了："你这什么语气？你怎么这样？"妈妈说："我又没说你去买了就拉你的后腿"(听成打断你的腿）。我心想，妈妈在大街上这样说话，让我十分没面子，又气又急，于是跑到外公家全都发泄出来，外公、外婆、舅舅全都来劝，还是不罢休，最后把妈妈又弄哭了。这时我才觉得自己十分不好，我又开始生自己的气，结果弄得全家的气氛都很沉重，这时，我想不哭了，可又怕下不了台，没面子，于是还闹了一阵，最后才吃饭，现在想想也真可笑：买书要买就去吧，竟还闹得这样不快乐！下一次，不，这是最后一次！如果下次再发这样无聊的脾气，就面壁思过 1 小时，平静自己的情绪！

　　教授，我只好用让女儿写反省日记的办法来让她思考！您说这样做对吗？

　　此致

礼！

慧灵

2007 年 1 月 17 日

家长朋友：

　　我同样祝福您全家幸福安康！还要专门祝福您可爱的小女儿，新的一年又有新的进步！

　　您对生命的思考朴实、深刻，对我很有启发。生命对于我们既是那么实在、亲切，又是那么神秘、复杂，现在我甚至在梦中还在思考，竟能和它见面。生命真是应该珍惜，让它尽可能充实、有价值。

　　女儿的成绩让人高兴，我是相信"十名现象"观点的（中外都有学者进行过研究，发现最有成就的人，是学生时代排名在十名左右的）。但要注意，千万不要过分重视排名而丢掉自己的特长、爱好，尤其不要牺牲睡眠、健康去争第一。从人才成长的角度看，过分重视排名会埋没人才；从品德角度看，过分重视排名反而容易使人去追求虚荣心，而不是对人类的贡献这些更为深刻的动机。您是否同意这样的观点呢？

　　睡眠是人的一个基本的需要，可能每个人的要求不一样，时间长短要求也不一样，还有"百灵鸟"和"夜猫子"的区别。只要确实不懒惰（是否懒惰自己是最清楚的），从实效出发，安排是否可以灵活一点？

关于金钱奖励的问题，学术界也有争论。我觉得，长远看肯定不是方向，孩子最终应该是出自内心地热爱生活，热爱学习，使其成为好的习惯。但是成长过程中，可以试一点金钱刺激，总之"能抓到耗子才是好猫"嘛。不过不应该以金钱为主，我担心当前环境中，金钱容易使孩子糊涂。

此外，写反省日记是一种好习惯，孩子应该养成反思的习惯，但不知是不是自愿写的？我相信孩子有些后悔，会愿意写的（只要不是太勉强，引导孩子写反省日记是必要的）。

我在初中阶段时，曾经有一次和母亲大发脾气，后来自己很痛苦，主动给母亲写了一封反省信。在母亲94岁去世后，我整理遗物时发现，母亲一直把它珍藏在一个小铁盒里（其中还有我的孩子、侄子、外甥写的类似反省的内容）。我非常激动，深深地感到一个母亲懂得什么是孩子最珍贵的东西——那就是孩子认识自己的错误，说明孩子在成长。

您的朋友 冉乃彦

2007年2月16日

相关链接

如何给孩子零花钱

1. 定时定量给孩子零花钱

老子说："天下大事必作于细，天下难事必作于易。"理财教育也是如此。父母们不妨把大事化小，从细节开始。一个具有理财能力的人至少需要具备三方面的能力：会花钱、会存钱、会赚钱。父母首先要定时给零花钱，根据家庭情况每周或者每月给孩子分发零花钱。有规律、有周期地给孩子零花钱，有助于孩子计划性地安排自己的消费，使孩子渐渐学会合理支配零花钱。其次，父母还要定量给零花钱，根据孩子的年龄特点和消费情况每周、每月给孩子固定数目的零花钱。同时要另加20%供孩子做储蓄之用。给孩子零花钱不能过于随意，高兴就给，不高兴就不给，而是要把零花钱作为教育子女的重要契机。

2. 根据孩子的年龄特点进行消费教育

美国教育专家曾针对不同年龄的儿童提出了他们应了解的消费常识：1—3岁能辨别不同硬币和纸币的价值；4岁能懂得不能见什么就买什么；5岁知道钱是怎么来的；6岁能区别不同面值的一些钱；7岁能学会看简单的价目表；8岁能知道把钱存到储蓄账户上；9岁能自己安排简单的一周开销计划；10岁懂得节约的意义；11岁知道从电视中了解有关的广告；12岁懂得正确使用银行业务中的常用术语，等等。父母们可以根据孩子的年龄，结合现实需要着重进行其中一方面的消费教育。

3. 让孩子学会做预算和记录

父母可以先做个样子，让孩子根据实际需要预算一周或者一个月的消费。然后定期检查孩子的预算表，每次给孩子零花钱时都应要求做好预算。父母还可以给孩子准备一个记录的小账本，每周或者每月如何使用了零花钱，都应要求孩子做详细的记录。在下一次给孩子零花钱时，要先检查孩子上个周期的花费，看看哪些是合理的，哪些还需要改进，要和孩子共同讨论，便经常督促检查。这样做的目的，就是为了让孩子控制零花钱使用，形成量入为出的观念。同时，还能帮助孩子抵御各种诱惑，防止乱花钱。

4. 给孩子准备一个储钱罐

在家庭中准备一个储蓄罐，让孩子能够经常把手头的小零钱积攒起来。对于可买可不买的东西，教育孩子尽量不买。对孩子的积蓄行为，父母要及时给予鼓励，使孩子能够感受到甜头儿。存钱罐里的钱可以让孩子自由支配，让他感受到储存的益处。这样可以帮助孩子了解积少成多的道理，并学会控制自己的消费行为。

5. 给孩子设立一个银行账户

对于高年级的孩子，父母可以带着孩子到银行去，给孩子设立一个银行账户。父母还可以带孩子到银行去熟悉各种业务，尤其是存款取款业务。在设立了账户之后，鼓励孩子把压岁钱和生日贺礼等钱及时存入银行。刚开始存款不需要太长时间，可以是三个月或者半年。然后父母可以和孩子一起去银行取款，或者把利息取出来，让储蓄的好处"看得见摸得着"。

6. 适当给孩子一些尝试经营的机会

如果条件允许，父母可以给孩子创设体验的机会，让孩子真正地去学习赚钱。例如，鼓励孩子拿出自己的一部分压岁钱作为投资购买股票或者基金，让孩子真正感受经济风云。也可以和孩子一起去批发某种物品出售，使孩子在经营中学习赚钱的技能，并培养健康的理财心理。

 小知识

初中学生的情感特点

初中学生最突出的是他们的冲动性。这是因为他们的神经系统兴奋过程比较强，抑制过程比较弱造成的。他们办事情常常是感情超过理智，甚至是只凭感情，表现出来常常出现急风暴雨式，自己都难以控制。有时为了一句话，就会冲了过去，大打出手，事后又十分后悔。

第二个特点是情感的矛盾性。这点和他们整个心理状态的半成熟一致，在情感上一方面依恋家长，一方面又和家长冲突。有时候男孩子也会偎依在妈妈怀里撒娇；有时候又会恶狠狠地、歇斯底里地面对家长。

第三个特点是情感丰富。初中学生基本上已经具备了成人所有的各种类型的情感。他们有时十分快乐。有时候，又感到烦恼。他们已经能够开始学习控制和转化自己的感情。

第 11 封 来 往 信

尊 重 孩 子 ， 静 待 花 开

——家长如何发挥主导、外因作用

冉教授：

　　您好！

　　我和您说下女儿的情况。开学第二周，对待女儿的学习，我以静观的态度处理，我觉得说多了可能讨孩子嫌弃。我自己也在准备会计师资格考试。教授，您有什么看法？

　　此致

礼！

慧灵

2007年3月16日

家长朋友：

　　我很赞同您对女儿的学习采取"静观"的态度。这很类似老子的"无为而治"，表面看好像什么也不做，实际是出于对孩子的尊重、理解和信任，不轻易去干扰孩子，而是鼓励与支持孩子的主动发展。

　　现在不少家长对孩子不仅是满足过多、照顾过多，而且包办过多、禁止过多，自己累得够呛，结果反而是"拔苗助长"，孩子也不欢迎，真是"费力不讨好"。

　　这个"静"字用得好。家长平时在孩子面前从不心急火燎，平静地看待孩子的表现；遇到问题也不发火，而是看孩子怎样自己克服困难，逐渐学会解决问题的方法。"静"还表现为家长踏踏实实地安排自己的生活、学习，我给《情商·家教》杂志的贺年祝词是："要想孩子好好学习，家长必须天天向上；要想孩子天天向上，家长必须好好学习"，就是希望家长把更多的力量放在自我教育上。正像一位家长说的："要想培养一个让家长自豪的孩子，首先自己要成为让孩子感到自豪的家长。"其实这是最好的家庭教育。

　　另外，"观"字也用得好。在鼓励与支持孩子的主动发展的同时，家长默默地观看。有时表示欣赏，有时表示理解，如果孩子请求帮助，也不轻易答应，而是出点儿主意，尽量让孩子自己去探索……对于孩子不正确的选择，除了对很幼小的孩子，要立刻坚决反对外，一般情况下，最好是采取商量、建议、讨论的方法，而不是简单地强制。其目的也是为了发展孩子。

这些看法，不一定对，希望能够一起探讨。

另外，您的女儿有什么新鲜的见解，我也很感兴趣。因为我认为，新一代人他们生活在和以往极不相同的时代中，一定会产生很多有新意的思想。

您的朋友 冉乃彦

2007年3月17日

相关链接

如何理解孩子、教育孩子？

爱，首先是爱，要真心爱孩子，无论他们长得是否可爱，是否聪明，都要爱他们，爱是原动力，爱就是浇灌小苗茁壮成长所必需的养分和水分，是阳光，是氧气。

然后是要给予自己更多的时间和足够的耐心，关怀照顾他们，是那种无微不至的照顾，而不是粗枝大叶的，是悉心照顾，是发自内心爱的自然表现和流露。

其次是相信，这非常重要，关系孩子未来的成就。相信孩子，信任是艘能远航的船，他们会在你给予的这艘船上驾驶远航，挑战自己的极限，战胜未来可能会面对的重重困难。

最后是支持，支持孩子热爱的事业，只要是对社会有益的事业都需要支持，并尽力伸出援手帮助，在孩子遇到磨难的时候做到真正的不离不弃；在孩子处于人生低谷时给予雪中送炭；是温暖的问候和关怀，而不是世俗的锦上添花和陪衬；是让他们站在你的肩膀上往上爬，是忠实的陪伴，在孩子最需要你的时候，回眸，你就在他们的身边，可以对他们说："哪怕世界上所有的人都抛弃了你，但你不孤独，因为有我在。"

第 12 封 来 往 信

优秀的孩子善于规划

——父母要了解孩子少年期的开窍现象

舟教授：

"默默地做事，轻轻地说话"，近一个月来，我不断在心底告诫自己，别动不动就心急火燎，别一不顺眼怡心就粗声粗气，温柔点，柔中有刚，淡泊名利，淡化得失，制造一种宁静的、宽松的、活泼而民主的学习型家庭氛围。

可最近我仍然被女儿困扰着：女儿清晨仍旧不读书(即使给钱也不管用)。"早上能吃饱，上学不迟到，就可以"。孩子这么想，我也就不吭声。女儿吃饭时，边吃边看电视，拖拖拉拉，吃一个多小时，我也由着她。这段时间，女儿傍晚回家看电视连续剧很起劲，加上晚上9：30泡脚、上床边看电视剧边和她父亲一起聊，约花掉40分钟，我心里急，但不愿表露……周末女儿看电视更野了，作业拖到星期日晚上还在做。

我就作业的事和女儿交换了意见，表明我的态度——作业绝对不能拖到周日完成，越拖到后面，心理压力越大，心里越是紧张，作业质量就会越差，还会把预习时间挤掉。优秀的孩子时刻都是谋划在前的……

一天，女儿告诉我："周末，半天补英语，半天补数学，每科每月4次，每月100元。"我说："每月花几百元都没关系，关键是要学到知识，好时光不能浪费。"我问："为什么又要补呢？"女儿说："一是克服电视的诱惑，二是省得老妈烦心，更重要的还是自己对数学感兴趣，想再好点。对英语呢，现在有了新的感觉，想循着这感觉走走。再说，老师在课堂上说了，想补英语的，可以分等级补。"(上学期，只补了两个月，后来由于老师只顾个别参加"奥数"和英语竞赛的，便忽视她，加上几次考试都是相差一个档次，她觉得无乐趣，就没去，还把这种想法告诉了另一位男生，那男生有同感，就换了一处补。随后起了波浪，老师找到那男生了解了真相……我只好和老师解释，我诚恳耐心地劝女儿去，但她就是不肯去。)

昨天上午，英语老师(班主任)见我就说："你女儿第四单元英语测试完形填空，10分就扣6分，只考78分，怎么回事？这应该不难。"我说："她具体如何学英语，我不清楚，我只知道，她在家没放声读过，没用耳静心听过英语，又是与第1名相差10分左右……"

女儿中午放学了，首先到厨房侦察一下，然后回到房间做作业，没有看电视。我问起测验的事，女儿说："别讲英语的事，现在我不想听。""我的意思是，现在亡羊补牢还不迟。没怪罪你的意思。"我告诉女儿。

下午3:30放学，一放下书包，她说："今天周五，上街购物，玩玩吧！吃完晚饭，还要做作业呢。"我们母女俩来到书店，不到半小时，她就催我去买牛奶、松子、核桃，逛了不到一个小时，就被女儿催着买齐了她想吃的、用的。吃完晚饭后，她坐在我的卧室小桌前，做了近一个半小时作业，晚上8:30左右，我正想上网听课，她抢着说要查资料，我就让给她，半小时后，她开始看动画片，没完没了，到了10点钟，我没理睬她，10:30她终于不玩了。

临睡时（女儿胆小，不敢一个人睡），硬逼我同她一起睡，看着她，我心底不畅，十分不愿陪她，于是说："要么你就和我一起睡小床，要么你就自己睡，我是不会跟你一起睡大床的（她爸今天不回家）！"她站在我床头，半个多小时，不断抹眼泪，嘴里唧唧哝哝："你不就是因为英语教师告状，才生气，我今天又怎么不乖呢，你要去书店看书，我陪你，其实，我是不想去的，那老板就不欢迎别人阅读她的书（是会员也舍不得，怕弄脏了她的书）。"我说："办了阅读证就有权利阅读，不能为别人的表情而活着。"女儿说："那是你的想法。你说，周五玩玩，又不是痛快地玩玩，那不痛不痒地玩，干脆不玩。"说着，又滚落下泪珠……"若不是县城配不到这副眼镜，我马上把它摔得粉碎。"女儿边说边哭。

见她这么委曲，我烦她恼她的情绪顿时冰释。我说："若我心底没你，就不会一再让你，你不愿一人睡，我陪你，你要睡懒觉，只要不过分也忍着，要上网看电视，也没说什么，不是因为英语测试怎样，而是因为你近来的松散作风让我不悦。"见她还在伤心滴泪，我怕坏情绪影响心智发展，只好睡到大床去，她随后才关灯睡了……

教授，您觉得我这样做，是否犯了错呢？遇到孩子不顺心顺意时，是否还有更好的应对策略呢？我真怕自己无意中伤害了孩子而受到惩罚。教授，您怎样想呢？

此致

礼！

慧灵

2007年4月8日

家长朋友：

看到来信，您那么细致地描述了女儿的情况，又认真地思考了问题。我结识了您这位家长朋友，感到很荣幸。您不仅十分爱自己的孩子，而且很重视探索科学艺术的教子方法。

应该说，家庭教育最难的阶段就是少年期。让我们共同来探讨吧！

我感到您的孩子内心矛盾不少，这正表明她在过渡。例如，双休日拖拖拉拉，但是又自己提出"周末，半天补英语，半天补数学……"想痛痛快快地玩，但是"10:30她终于不玩了"。我认为这是好现象。她在逐渐学会自己克制自己，这点应该鼓励。

您指出"优秀的孩子时刻都是谋划在前的……"这是对的，但是也要看年龄。培养自主性，管住自己，对孩子来说也有一个过程。她主动提出补课，动机"一是克服电视的诱惑，二是省得老妈烦心，更重要的还是自己对数学感兴趣，想再好点"，这也是一种"谋划在前"吧。至于整个生活安排上的"松散作风"，更是一个需要耐心且慢慢解决的问题。我们研究过少年阶段都有一个"开窍"的问题。也就是在短时期内（有时一周），孩子突然好像变了个人似的，从不着急功课，变成自己着急；从不关心父母，变成心疼父母……不过据我们的研究，88％是在初二结束时才开窍。所以家长千万不要过于着急。孩子开窍后，就会珍惜时间，科学安排生活，至少我认为看电视剧应该认真选择，因为现在相当一部分电视剧，看它是浪费时间。

给孩子一些空间，目的是锻炼她，发展她。尤其要培养独立解决问题的能力。对于原来补外语的问题，"她觉得无乐趣，就没去，还把这种想法告诉了另一位男生，那男生有同感，就换了一处补。"我觉得做得不错。我想英语考78分的问题，应该启发她自己学会分析。

您的担心，如"见她还在伤心滴泪，我怕坏情绪影响心智发展，"我感到没有必要。一方面，您的孩子是个性格开朗的孩子，如果不是这样的性格，则应该慎重点；另一方面，教育是一种艺术，生活也是一种艺术。酸甜苦辣都应该尝一尝，不然，没有丰富的体验就不是生活，您提到的"抹眼泪……"并不是坏事。今后生活难道没有风浪吗？

您提出，"遇到孩子不顺心顺意时，是否还有更好的应对策略呢？我真怕自己无意中伤害孩子而受到惩罚"。我认为您做得没有问题，对孩子说"因为你近来的松散作风让我不悦"也是很到位的。

我主张，首先要多沟通、多了解，不要发生误解。其次对于少年应灵活，如具体的行为方式。有些不能灵活，如安全问题。但是都要采取讲道理、商量的方法。有时候，少年一时听不进去，我们还要变换各种方式说。等他们冷静下来，会回过头来又去想"家长为什么非要坚持？是不是有些道理？"

有的家长的经验是，"小学生抓小不抓大，大学生抓大不抓小，中学生大小一起抓"，比较辩证。看来，中学阶段的确是又复杂又重要的阶段。只要艺术地"外松内紧"，您的努力就不会白费的。

您的朋友 冉乃彦

2007年4月15日

相关链接

一个独特的人生阶段——少年期

少年期，大致是指10—15岁这个阶段，相当于小学高年级和初中时期。不过近些年的研究发现，由于信息丰富、人际交往频繁和营养增加等原因，少年期在全世界范围内，都有提前到来的趋势。

少年期是内心世界出现深刻变化的时期

一个孩子，"在少年这个年龄阶段，人的精神生活会发生深刻的变化。他的认知能力、脑力劳动、行为、与同学的相互关系、情感和审美以及道德的发展等许多方面的实际表现，都使家长感到不可思议和迷惑不解"。这些深刻的变化，主要包括以下三方面。

1. 概括的思考

根据皮亚杰的研究，少年的思维处在形式运算阶段。少年出现了思维方式的变换，已经从儿童时期的具体形象思维，发展为经验型的抽象思维。在少年面前，不仅有一个物质世界，还展开了一个观念的世界。教育家苏霍姆林斯基认为，"少年不同于儿童，他已经开始对善良和丑恶都进行概括；通过一些事件他看到一种现象；而这种现象在他心目中会产生什么样的思想和情绪，都取决于他的信念、对世界的看法和对人的看法。"

最值得重视的是：少年的道德品质，已经从儿童时期的行为习惯，上升为更加深刻的思想意识。这点是非常重要的，因为，从此他将用自己的这些看法自觉地指导他的一切行动了。正确的看法当然表现为正确的行动，而错误的看法必将导致错误的行为。

2. 认识世界的同时认识自己

少年喜欢照镜子，喜欢观察别人，重视别人如何评价自己，认真、秘密地记自己的日记，喜欢和别人争论，发表自己的独立见解，都说明少年已具有本质意义上的自我意识，从自发阶段开始进入了真正自觉的阶段，是非常重要的一个时期。

在这个时期，少年由于生理、心理发展十分迅速，逐渐进入社会，而又充当更多的不同角色，使少年一时难以将自己整合为一个一致的、同一的、稳定的"我"，甚至感到自我丢失了。

3. 独特的观察与思考

"少年对世界的观察，从某种意义上说，是人类唯一的、独一无二的、特殊的状态。少年看到了儿童还看不到的东西，还看到了成人常常没看到，确切地说，没发现的东西，因为很多东西对成年人来说已经是习以为常的了。"

当然，由于不成熟，少年有着独特的自我视角。比如少年开始抽烟，并不是生理的需要，而是独特的心理需要，他们主观地认为"抽烟能够使自己高大"，在他们的脑海中，好像自己叼上一支烟，就成为了电影中的黑老大。不管别人是不是这样看，反正他自己相信。

儿童期决定了少年期

当前少年期发生的问题，多数属于"回炉"再教育性质。所以，当务之急，首先，应该树立一个认识：少年期并不是必然成为危险期，是儿童期决定了少年期；其次，行动上不要消极、被动地等待少年期的到来，要主动、积极地在儿童期开展工作。

1. 做好事

苏霍姆林斯基认为，"如果一个人不亲身去做好事，那么他就不能在意识中，积淀、确立善的观念。生活千百次地向我们证明，训练儿童向少年期和青年期过渡的工作，离开劳动是不行的，但这应当是一种特殊的劳动，它应能使心灵最细微的活动具体化。"

2. 阅读

有的学生在童年时代聪明伶俐、理解力强、求知欲旺盛，而到了少年时代，在自己的智能发展方面却很有限，对知识不感兴趣，惰性十足是因为他不会阅读。

3. 爱的教育

人生的根基是在儿童时期扎下的，儿童要学会为别人创造欢乐，并由此而感受到自己的幸福和自豪。如果在儿童期没有纯朴的爱心、善心，到少年期再培养，由于缺少自身的情感体验，就会变得十分困难。

4. 慎重地对待惩罚

惩罚并不是什么不可避免的手段。哪里充满了相互信任和热诚的气氛，哪里能够使儿童从小就深刻地感觉到他与周围人的同思想、同甘苦，哪里能够使儿童刚一懂事就开始学习控制自己的愿望，哪里就没有进行处罚的必要。

 小知识

"开窍"现象

有人曾经对初中学生"开窍"现象进行过探讨。发现88％的学生认为"开窍"现象在自己身上明显发生过。对于开窍发生时间的分布，学生和家长的看法一致：最高峰在初二下学期。"开窍"表现为，学生在成长过程中的某一阶段，一个"浑不懂事"的孩子，突然变得懂事了，前后判若两人。他们认为，"在自身和外部子系统之间尚未协同时，表现为无序状态（如初二）；一旦协同，通过突变形式（开窍）达到新的有序状态。系统发展的各变量中，自我意识是促进协同起主宰作用的"序参量"（它主宰着系统演化的整个过程，决定着演化结果出现的结构和功能）。"

（冉乃彦、王慧琴/文，摘自《对初中三年的跟踪实验报告》）

☺ **温馨小贴士**

培养孩子按时完成功课的好习惯

每一位家长都望子成龙，但是过长时间的学习和"题海战术"只会事倍功半。学习消耗的主要是脑力，长期集中精神思考、学习，使大脑长期兴奋过度，脑细胞的功能就会发生改变。从而会影响孩子的注意力，使孩子觉得疲倦，对学习失去兴趣，有的人甚至会对上学产生恐惧情绪。因此在辅导孩子学习的过程中，注重科学的学习方法，劳逸结合是非常重要的。以下几个方面的建议供您参考。

1. 合理规划时间，将学习时间段和休息时间搭配起来

如果孩子学得入神，忘记了时间，到了该休息的时间就要提醒孩子，放松一下身心，主动休息，有利于提高效率和稳定孩子的学习情绪。

2. 保证孩子的睡眠时间和质量

孩子的大脑皮层一般会在晚上10时后开始分泌生长激素，这是孩子睡眠的最佳时机，每天应让孩子有9—10小时的睡眠。要监督孩子，帮助他们养成良好的作息时间，这样有助于睡眠质量的提高，白天学习的效果也会更好。

3. 让孩子适当做些家务

学习是脑力劳动，适当做些家务，不但是对大脑的放松，也是一个很好的锻炼手眼协调能力的机会。

4. 利用音乐帮助孩子休息和放松

积极向上、愉快的情绪能加速消除疲劳，优美的音乐往往能够振奋孩子的情绪，带来轻松愉快的感觉。孩子在学习间隙或学习之后，可以通过听音乐来达到消除疲劳的目的。家长可以买一些孩子喜欢的音乐，但是最好所听的音乐是没有歌词的。因为音乐中如有文字的话，文字信息将进入大脑，影响大脑的休息。

5. 不可以边玩边学

劳逸结合是正确的，但是一定要将玩和学区分开。家长应该监督孩子，学的时候一定要专心致志，不可以一会儿翻翻画册，一会儿跑出房间看看电视，集中精力才能高效学习。

（孙宏艳/文，摘自《享受学习的乐趣——孩子必备的25个好习惯》）

女儿读懂了妈妈的心情

——用情感激励对孩子进行价值引导

冉教授：

　　您好！您的爱心、诚信让我心潮澎湃。您委婉暗示我常犯的两个毛病：急躁、不太灵活，最后鼓励我勇敢地走下去，我很感谢您。您是位非常慈祥、智慧的长辈，令人尊敬。我愿向上苍祷祝您健康、长寿，像松柏一样四季常青，心永不老。

　　女儿的这次期中考试，由于义务教育不能多收费，连副科都不考了，只考语文、英语、数学、物理。考完后老师把几个好学生的成绩改了出来，女儿一回到家就哭了。我说："哭也没用，这是意料之中的事，写封反省信吧。"

　　下面是女儿的反省信，您看看。

敬爱的妈妈：

　　这个学期以来，我一直处于散乱、心不在焉的状态，每天看一小时左右的电视还让我依依不舍，您是看在眼里、急在心里，这我知道，您一定十分难过，可您又不想喜形于色，怕影响我的情绪。我是一个刚刚走上大道但又无知的小孩，我知道自己该怎么做才能走得平稳，可是每当那迷人的电视剧吸引我时，我就情不自禁地想多留一会儿（尽管我知道这是不对的）。每天早晨，作为慈母的您，又想让我多睡一会儿，长好身体；可作为严师的您，又想让我起来读书，不过最后您终究成了严师，可是最后因我自己不起，您也毫无办法，您一定又急、又气吧！但您不敢说出来，怕我哭，会影响我的眼睛（经常情绪不好，会影响眼睛及心智），对吗？其实您是一位十分优秀的母亲，但我不是一个十分自觉的孩子，您为我创造了光明大道，并告诉我如何去走，可面对待在那不走的我，您又毫无办法了（您每每找寻好的学习方法让我参考，寻求正确的教育方法）。

　　其实您是一个很好的妈妈，每天想方设法为我搭配出最营养的膳食，让我有充足的精力往前冲，可我有时并不珍惜，有时一口也不吃，浪费了您精心调配的美味佳肴，那时您一定十分伤心吧！您辛辛苦苦、想方设法制作的食物，可我却一口都不尝，我承认自己是个任性、倔强而依赖心强、脆弱的孩子。

这一次的考试考得不好，是由于我自己平时的懒惰，没有找到读书的兴趣，每次都是为了做作业而做作业（除了数学），对您的忠告我"左耳进，右耳出"，而且总想看电视剧。这次考试考得这么差是意料之中的，您竟然还十分体谅我，还同意带我去上饶玩一趟，我十分感动，不过您也是出于无奈吧！您是一位善解人意、温柔、体贴的好妈妈，您从不灌我"辣椒水"，谢啦。不过摆在面前的问题还是必须解决的。以下是我的学习时间表。

6：15—6：25，洗漱；

6：25—6：50，读书（星期一、三、五读语文，星期二、四、六读英语）；

6：50—7：00，吃早餐；

7：00—11：50，上学；

11：50—12：10，把上午布置的、要交的作业做完；

12：10—12：30，吃中饭；

12：30—13：30，把上午作业做完；

13：30—16：45，上学；

16：55—17：30，做数学；

17：30—18：00，吃饭；

18：00—19：00，复习语文；

19：00—20：00，复习英语；

20：00—21：00，复习物理；

21：00—21：30，复习数学；

21：30—22：00，洗澡上床。

妈妈，我想，只要我持之以恒，就一定能成功！

相信我！

您可爱的女儿敬上
2007年5月1日

教授，接下来我给女儿回了下面的信。

可爱的女儿：

你能体味到妈妈之所以沉默、克制的用心，妈妈努力学习宽容与忍耐的用意，妈妈感觉很欣慰。这说明你开始读懂妈妈的心情，更说明你心灵中另一个智慧的自我出生了，正在慢慢觉醒、成长着……

你有一个健康又聪慧的大脑，你该好好发挥它的功效，像电脑一样好好地接受信息、储藏信息、处理信息，不要浪费大脑的天然资源。这道理你应该懂的，珍爱自己的生命，开掘自己的智慧，做一个能为多数人服务的人、令人快乐的人，这应该是你活着的价值。

这次没考好，就当患次"重感冒"吧。发烧、头痛、流泪、难受是自然症状。只要积极治疗，防止病症加重，就不会危及你的生命。看医生是下下策，防病、保健是上上策。如何预防"病魔"再次袭击你呢？那就是要加强"自我防御工程建设"。如何建筑"防御工程"呢？

反省自己，用反省这面功效奇特的魔镜，把错误都照出来，在错误中找到根治错误的药方。妈妈观察到你学习中存在的三点问题：

1. 学习各科的时间分配依据喜好，各科时间不均。

2. 关于英语，早晨或别的时间在家从来不读。一般学英语的做法是：早读，晚上做作业前尝试回忆（心忆、手忆、口忆）上课内容，整理笔记，最后做作业。睡前听听课文录音。你没按这先后次序去做，也没环环紧扣，一直如此。同样内容在当天没有重复4次，1周、半月、1月后又没总结复习，当然掌握得模糊，不清晰。

3. 学习过程中不知道"手留余香、心留余味"，有目的地激发自己对各学科的兴趣。技巧是：做数学，做得再开心，时间一到必须停做；做物理，先尝试回忆当堂课的内容，回忆不出来时再看书，然后再回忆，整理笔记，最后做作业；若一道题都不会做，时间一到，也一定停。但要做个记号，当天机动时间再去完成。自己想透后仍不能完成，第二天可去问同学或老师，一定不留

"病根"。

女儿，妈妈还要提醒你关于作息时间表的设置格式。第一列：时间，第二列：科目不变。加第三列：当天学习内容。它是天天变化的，如何设置？以下有两点建议。

1. 你在当天晚上结束学习后，自己对明天的复习内容（自我安排的）做个列示，按它的重要性写在一小本上（像当天老师布置的作业一样）。

2. 遵守在最清醒、最想学习的时间里做最重要的事。

聪明的女儿，为赢得快乐、尊严、友谊，努力坚持下去！在坚持中感悟快乐，坚持不懈地爬向山顶的人，一定是成功的高手！只要拥有那一刻，谁都会落下幸福的泪水。

"荡胸生层云，一览众山小"的美妙诗句，你一定读过。

相信你、看好你的妈妈

2007年5月6日

教授朋友，女儿把日记本丢在电脑桌旁，我随手浏览了一下，她在4月15日是这样写的：

今天到郑老师家补课。早上神采飞扬，精神饱满地来到老师家，上课都是全神贯注地听着，可一到做作业了，我就很怕了，因为每次在老师家补课，我总做得很慢，而且还都不敢肯定，到头来还错了一大堆。而这时英语总考第一或第二或第三的同学就有一片片红钩钩。此时我会很自卑，我认为自己是一个差生，老师看不起、同学瞧不起的坏学生，所以每次去老师家补课后都使我对英语更加反感，更加自卑。可我英语又不好，只有补一下才能有进步，所以我十分矛盾，有时我会幻想：如果英语像数学一样该有多好啊！那我一定做得又快又对又准了，我深爱数学，去数学老师家补课是因为自己对数学感兴趣，每做出一道大家绞尽脑汁都想不出来的题，我就会十分快乐，我只有用做数学带来的快乐去忘记做英语给我带来的悲伤，我只有用对数学的自信去代替对英语的自卑。

　　不过我相信，只要我再努力一把，英语成绩一定会有所提高的，因为挫折之后总会有一个美好的明天，所以我坚信我的明天一定是一片艳阳天！

　　教授，见孩子这样，也怪可怜的，她怕因成绩失去尊严、朋友，可我让她通过做错题本提高自己，她又坚持不下去，为什么这招不灵？我的方法错在哪？若您是我，又会如何一步步引导孩子呢？

　　此致

礼！

慧灵
2007年5月7日

家长朋友：

　　看了信，看到了一个半成熟、半幼稚的少年，也看到了一个尽职、忧心忡忡而又百折不挠的母亲。

　　少年期是最动荡、最复杂的时期，我对这个"困难时期"的种种情况很重视，也很感兴趣。少年期的教育不怕有波折、有反复，只要方向对、趋势好，我认为就是成功的。现在的情况就是这样：孩子非常重视这次"重感冒"，认真面对，而又不失信心。从"摆在面前的问题还是必须解决的"，我看到了她的成熟。

　　关于兴趣，我认为，"主体认识兴趣的发展与主体性的成熟密切相关。间接兴趣的建立，实际上只能在一个人能够理解客观事物对自己的意义之后，也就是价值意识有了发展之后。所以教师需要不断地在对学生进行价值引导的过程中，发展着学生的兴趣。"

　　这个年龄的孩子，一般还没有深刻的间接兴趣。这从她过分"关注分数，怕失去尊严、朋友"可以看出。不过不能着急，这个年龄不可能像韩信那样容忍"胯下之辱"，像勾践那样坚持"卧薪尝胆"。但是又要坚持这方面的引导，您对她讲的"这道理你应该懂的，珍爱自己的生命，开掘自己的智慧，做一个能为多数人服务的人、令人快乐的人，这应该是你活着的价值"就很好。引导她慢慢理解并掌握英语对自己人生的"意义"。

另外，这时候的兴趣，恐怕和"成功感"关系极大，和数学相比，她英语的成功感差多了。如果能够先获得一些小的成功，以此总结自己的经验教训和学习方法，对她也是很重要的。为此，英语的学习方法是不是有必要反思、评价一下？如果方法有问题，就不一定"持之以恒，就一定能成功！"我知道有一个中学生原来学习很差，后来主要是通过电子信箱，和一位外国学生交流，不但英语上来了，后来还成为世界级的网络专家。所以能否寻找一个有挑战性的、又实用的、也比较有趣味的方法来促进英语学习？

我认为少年期的学习动力，"意义"只能是逐渐体悟。最初更多的是情感的激励（你们母女间的感情起了重要作用）、良好的学习习惯和成功感。不知您是否同意？

所以，我想建议您，正像您已经开始做的那样，注意孩子的"大知识"和"大境界"（这是我造的一个词，意思是比考试更广阔、更有价值的知识和战胜肤浅和浮躁的精神境界）的培养，不要被社会上的假象所左右。

作息时间中，为什么没有锻炼身体、游戏的时间？这点我认为非常重要。

错题本坚持不下去，是不是量太大？还是没有尝到甜头？我说不好。问一问孩子，看她是怎么想的。

兴趣是一种态度，是价值意识的一种形式，是反映主体需要的主体化意识。价值意识，它的表现形式在心理层面上有欲望、兴趣、意志等；在观念层面上有信念、信仰和理想等。因此培养兴趣，关键应该是关注"认识主体的认识兴趣"，也就是关注主体的价值意识，关注未成熟主体的需要层次。

关注未成熟主体的需要层次，自然要进行教育和引导。但是未成熟主体的需要，有一个发展过程。因此必须尊重这个客观规律，恰当地进行引导，有时甚至需要有必要的等待。

比如，在人的幼年时期，当他的注意力还处在"无意注意"为主阶段时，那么他必然表现为表面的兴趣为主；只有发展到"有意注意"成为主阶段时，才能逐渐表现出以间接的兴趣为主。一个蹒跚走路的幼儿，一会儿对水井盖上的洞眼有兴趣，一会儿对落下的树叶有兴趣，是受无意注意的支配，这个年龄，不能要求他对水井盖的安全措施和树叶落地的万有引力发生兴趣。

但是，我们又不能完全消极等待他的发展，适时的教育是不可少的。因为一般来说，生理需要产生的兴趣，只能是暂时的；个性倾向性产生的兴趣，才能是长远的。发展他的个性倾向性，发展主体的认识兴趣，应该一刻不放松。

您的朋友 冉乃彦

2007年5月8日

相关链接

家长该不该偷看孩子的日记？

孩子一天天长大，做父母的该如何了解孩子的内心？这似乎是困扰所有家长的问题。于是，有些家长可能会选择偷看孩子的日记来了解他们。曾经有一份调查表明，近40%中小学生的日记和信件被父母偷看过。

孩子心声：

某高二学生小佳（化名）说，自己在上中学后就有写日记的习惯，高一下半学期，她的学习成绩开始下滑，父母怀疑她早恋，总想找机会知道是否有什么秘密，于是翻看了她所有的日记。不仅如此，有一次，小佳放学回家后，父母还胡乱针对她日记中的一些对未来憧憬的话语狠狠地批评她，小佳一气之下把所有的日记都烧光了，并且发誓，再也不写日记了！"当发现妈妈偷看我的日记时，我感到愤怒。虽然妈妈是最亲的人，但是我觉得她侵犯了我的隐私。"日记被妈妈翻看了，并且写了留言。虽然事后她向我道了歉，但这道歉又有什么用呢？日记写的是我心中的秘密，是我从来不肯泄露的私事。当时我又羞又愤，真想大声对妈妈喊："你为什么要这样做？"我真想冲出家门，去远方，甚至想到了死……

家长观点：

小佳的父母说："我们是她的爸爸妈妈，是监护人，看看她的日记和信件算什么！"他们觉得孩子有时候不善于与父母沟通，想要知道她的想法非常不容易，从日记中可以看出她内心深处的真实想法。孩子社会经验不足，做事往往容易走极端，看孩子的日记能够准确、及时地了解她的思想，是家长了解孩子唯一的途径。

童童（化名）妈妈："从理论上讲，我也觉得应该尊重孩子的个人隐私。可是，在现实生活中，我确实找不到比这更好的办法去了解儿子的真实想法。如果孩子有早恋苗头，我们及时发现，就可以把苗头掐住，不让他们犯错。"

当然，另外还有一些家长持相反意见，他们认为"尊重孩子的隐私，就是尊重孩子"。张先生说："孩子刚上高中的时候，不爱说话，有事情也不爱告诉我们。他妈妈曾经和我商量过，想通过偷看日记的方式了解孩子的想法，但被我拒绝了。反之，我们经常主动关心他，对他遇到的困难只提出建议，让他自己拿主意。慢慢地，孩子开朗多了，愿意跟我们沟通了。"

律师观点：

律师认为，父母的这种行为是一种侵犯隐私权的行为。因为侵权者往往是青少年最为亲近的父母、老师，所以现实生活中诉诸法律的极少。根据《中华人民共和国民法通则》的有关规定，隐私权受法律保护。2007年6月1日开始实施的《中华人民共和国未成年人保护法》第30条明确规定："任何组织和个人不得披露未成年人的个人隐私。"第31条规定："对未成年人的信件，任何组织和个人不得隐匿、毁弃；除因追查犯罪的需要由公安机关或者人民检察院依照法律规定的程序进行检查，或者对无行为能力的未成年人的信件由其父母或者其他监护人代为开拆外，任何组织或者个人不得开拆。"父母有教育、管理孩子的义务，但父母只有在有充足理由认为子女有不良行为时，才能以承担监护职责而非侵权为由，采用有效方式来约束子女的思想和行为。

专家认为：

处于青春期的孩子已经开始思考自己所处的社会角色，开始懂得如何观察自己，包括性意识的觉醒、对异性产生好奇等，他们慢慢地有了独立意识，把自己的想法记录下来，有些并不想让别人看到。而个别家长看了孩子的日记，让孩子认为自己的隐私被侵犯了，孩子反而会锁上心门，更不愿意与家长沟通了。

为此建议：

1. 家长要充分尊重孩子，不要野蛮地控制孩子

侵犯孩子的隐私，只会造成孩子对人性的敏感，排挤周围人，情绪上受到波动。孩子不愿意被控制的心理，会让他们不停地反抗，回避问题，从而与外界隔离，这样下去父母就无法与孩子交流，从而真正失去孩子的信任。

2. 家长要从心理上理解和支持孩子

心理上的关爱是父母给孩子最大的财富，适当地给孩子一定的空间，让他们能自己解决问题，这也是锻炼孩子独立面对问题的一种方式。

（摘自中国新闻网，2008年10月29日）

第 14 封 来 往 信

家庭不能缺少父亲教育

——父母在家庭教育中应保持一致

冉教授：

您好！

读了您的信，我这样理解：少年期的学习动力，首先是情感激励，其次是良好的学习习惯和成功体验，再次是间接兴趣的培养，只能依赖于孩子能够理解客观事物对自己的意义之后（价值意识发展之后）的逐渐体会觉悟。您的这些真知灼见，对我很有触动。谢谢您！

父母能够做的事是：

（1）不管孩子如何，怎样变，始终不能对孩子失去信心，失去爱心。有一种和谐的亲子关系。"和"即：各守原则，互相制约。对此，我心里明白，但生活中一不留神，母女间就会发生"战争"。由于本学期没去书店（失去路上无话不说的机会），孩子选择同学陪同去，而且在网上与同学聊天，后来英语老师见我时也说了一句："好像你女儿没上学期静心啊"。一天，我问女儿错题本情况，她没有理睬，隔一会儿才说："我还有一堆作业呢。"我再想说什么，她急忙反驳说："我不愿听，听了就烦！"我退出房间，感觉到孩子似乎有自己的一套，且反感我。第二天，我在网上查看她的聊天记录，发现虽然聊天次数不多，但内容和情感都不健康。什么哪位同学漂亮，什么哪位同学喜欢谁谁，等等，再就是退步了，心烦，或是在干什么，在玩游戏之类的……我仍保持沉默。上周末傍晚，孩子又在上网，我叫女儿吃饭，叫了数次，没任何响应，后来发现她在聊天，就立即阻止，且责问她："为什么与同学聊天，在学校说不够吗？还需要在网上说！你知道网上聊天的是什么样的人吗？都是些无所事事、时间无处消磨的混混。你看成绩好的会上网聊天吗？上网聊天时还要帮同学挂QQ升级，用得着吗？"女儿听后，气得摔东西，把椅子推倒，还说："你不经我同意偷看我的秘密，周末同学妈妈打电话来问我她儿子在哪，我说了，被他妈妈逮个正着，被罚抹地1个月，不准上网。我为表示歉意，帮挂QQ升级，有什么不对？"我当时真的气急了，说："哪见过你这种亲疏不分、轻重不分的孩子，难道妈妈的话还不抵你同学的话有分量？"当时气得我脸都绿了，突然无声……我走进卫生间漱口、洗脸。她回自己房间去读书，半小时后，她请示我去买方便面，并且要求我放一根火腿肠和一个鸡蛋煮给她吃。女儿一边吃，一边对我说："这次没发牛脾气，转换情绪快，乖了许多，我想听句表扬的话，唉，换位思考真管用……"

后来我想，父母不在有效时段输送健康信息，不健康的信息就会侵入孩子的头脑，从而操纵孩子的行为。有时提前输入，也是在预约成功。

（2）良好的学习习惯的养成。这是父母关注的焦点问题。不应该是分数、名次、尊严、门面等昙花一现般的浮云。应该关注孩子的学习态度、学习过程、学习方法。这些是根本的东西，否则就缘木求鱼了。认真的态度、实事求是的态度、内在的需要倾向、兴趣的方向等才是终生受益的东西。学习过程、学习方法的习得与摸索，这是孩子自己去思考的问题，父母只能提供参考，是否能被孩子吸收利用，那要看孩子的悟性。教授，我这样理解，是否全面呢？是否正确？我真不想介入孩子的生活太多，但又放不下心，也许天下为人之母都一样吧。

教授，问了孩子的心里想法，由于她不想说，她说愿写，我只有等了。又由于周三推到周六，再推到周日，终于给了我关于错题本的解释。

迟来的信

妈妈，为什么期中考试的成绩不好，为什么我的改错本不能坚持做下去……

因为做改错本，我没去看过，所以做与不做都一样，又因为我自控能力并不好，有时懒惰占了上风时就坚持不下去了。我认为我的学习是必须监督的，可我又不想每时每刻都听见叫我做作业的话，妈妈，我认为上次的时间表不够详细，所以重写一张。

作息时间表

（星期一至星期五）		（星期六至星期日）	
6：15—6：25	洗漱	6：30—6：40	洗漱
6：25—6：45	读书	6：40—7：15	读书
中午		7：15—11：00	补课
11：40—12：10	课堂作业	11：00—12：00	做作业
12：10—13：10	吃饭、午休	12：00—13：00	玩电脑
13：10—13：45	做作业	13：00—14：00	睡觉
13：45	到学校	14：00—15：00	数学
傍晚		15：00—15：30	英语
17：20—18：00	体育活动	15：30—16：00	物理
18：00—18：30	吃饭	16：00—16：30	看小说
18：30—19：30	语文	16：30—18：00	户外玩
19：30—20：30	数学	18：00—18：30	吃饭
20：30—21：10	英语	18：30—19：30	英语
21：10—21：50	物理	19：30—20：30	数学
21：50—22：20	洗澡	20：30—21：30	物理
22：35	睡觉	21：30—22：00	洗漱
		22：20	睡觉

如果您同意的话，我认为我在学习时的每一分钟，您都无权干涉我，我如果没做到，您可以做出惩罚；如果我做到了您就无权干涉，不过有些时间，我可以邀您与我共同讨论。如果您对时间表有意见，请您提出。

女儿慧浚

2007年5月20日

可爱的慧浚：

你知道在家呼唤你这小名的意图吗？即依靠自己智慧的力量和思考的魔力，可以疏浚情绪上、学习上、生活中大大小小的障碍，达到自己理想中的目标。你为了达到监督和控制自己拖沓和懒散的毛病，自己制作作息时间表，很有创意。作息时间表不但能克服偏科毛病，而且会让大脑切换工作内容的速度加快，就如用鼠标点击电脑桌面上的不同图标一样，点击什么就运转显示不同内容，转换速度加快。只要坚持下去，你的生活节奏也会加快，管理自己的本领也会渐渐增强。

错题暗示着什么？对于自己的进步有什么意义？我认为你缺少思考。表现只能是开始汇集了错题，由于没有温故知新，感觉到做与不做一样，于是虎头蛇尾。加上自己的偷懒，错题本无人检查，没压力，于是搁置一旁。

错题，就如阳光下的三棱镜，它能折射出知识点、技能、方法等方面的不足。若不及时消除，问题就会由小变大，积少成多。与其在相同的地方反复栽倒，不如看见绊脚石就随手搬开，这样才会每跌一跤就换来一段坦途。从节约学习时间上来说，题不再错，也是学习效率高的表现，它有利于你尽快解决"知识点"缺省部分（自己的薄弱部分）。

具体做法：第一步，一看到错题，就逐个环节进行"追查"，找出造成错误的那个具体环节。第二步，看出错的这个环节是由哪方面问题"滋长"出来的，一般不外乎是基本知识点（定义、定理、概念、定律、语法等）记忆理解不牢，运算、解题方法和思路等方面有漏洞。找到了根源，再去看书，琢磨一阵，弄清楚了，再找类似题练一练，验证一遍，这样问题就解决了，而且是一批同类问题，岂不愉快？

做个错题本好处多多。它可以让你养成根据客观规律（定义、定律等）对事物提出疑问、评价和改进方法的思维习惯，养成你眼能看"对错"，耳能听"好坏"，鼻能闻"香臭"的良好心态，在消除错误的原因过程中，能养成自己独立思考、筛选信息的能力。

错误是进步的阶梯，拒绝了错误也就是不肯进步的表现。

慧浚，妈妈想看到你每周英语与物理的错题汇集本。你能做到吗？

爱你的妈妈

2007年5月24日

教授，您怎么看？

慧灵

2007年5月26日

家长朋友：

少年期真是人生矛盾最多的特殊时期。但我们如果有了心理准备，就好很多。

您关于错题本的信写得很好。采用写信这种方法也很好，一来比较庄重；二来静下心来可以写得全面、细致；三来可以保存，孩子即使心情不好，当时不好好看，以后也会认真看的。

关于父母能够做的事，具体如下：

一个和谐的亲子关系，的确很重要。我认为少年期其实是最需要成人加以关注的（由于不成熟，自以为成熟；自身存在各种矛盾……），而少年又最反对成人管理。因此，是家庭教育最困难的时期。这个时期，成人要做得艺术。需要尊重，真正地尊重，但是又要把关键地方都管到，叫作"内紧外松"吧。

关于父亲的作用，希望引起你们的注意。你只是偶尔谈到父亲教育孩子，不知是没有来得及更多谈到，还是做得很少？有的学者说：孩子在母亲那里寻找温暖，在父亲那里寻找挑战。我觉得有一定道理。因为生理和心理的先天不同，父母教育孩子上的确有不同的优势。一般来说，母亲比较细致、周到；父亲比较大胆，有开拓性。反过来母亲由于过于细致而显得死板；父亲容易简单、粗糙。所以一定要互补，尤其是孩子到了初中，父亲的作用一定要及时体现出来。另外，在家庭氛围上，俗话说："一个人单调，两个人容易对立，三个人才能活泛"。至少"战争"可以在第三方的幽默中化解。

您谈到"认真的态度、实事求是的态度、内在的需要倾向、兴趣的方向等终生受益的东西。学习过程、学习方法的习得与摸索，这是孩子自己去思考的问题，父母只能提供参考意见，是否能被孩子吸收利用，那要看孩子的悟性"。我是同意的。因为路终究要靠她自己去走。

就从孩子上网谈"什么哪位同学漂亮，什么哪位同学喜欢谁谁，等等"说起。我觉得不要上纲到"不健康"，这样容易和孩子对立起来。青春期关心这些问题也算正常，只不过境界的确低了一点，这和传媒的影响分不开。在这个诱惑最多的时代，浮躁的社会里，肯定会有人走弯路，有人落陷阱。所以您的努力不会白费力气。

这件事情上，也是又要理解，又要引导。如何能够做得更好？我们都需要进一步学习。我也在努力。

您的朋友 冉乃彦

2007年6月1日

✈ 相关链接

父亲带大的孩子更聪明

父亲是高山，母亲是大海，在家庭教育中父母各有优势，必须做到阴阳互补、平衡，防止出现"阴盛阳衰"的现象。

有些父亲把教育的责任推给爱人，让爱人管孩子，自己则躲个清闲，其实这样做不好。

有一个有趣的现象，做家庭教育咨询来访者基本都是母亲。这就说明，在教育子女这个问题上是否出现了"阴盛阳衰"的现象。在中国的家庭教育中，以母亲为主的占50%，以父亲为主的占20%，平分秋色的占30%。当问及一些父亲淡出家庭教育的原因时，有的答：工作太忙，没时间管孩子；有的说：脾气不好，没法跟孩子生那个气……看来好像都有理由，其实他们忘记了古训"养不教，父之过"。

1. 作为父亲，放弃教育子女的责任是一个极大的错误

我们的孩子现在受到母性教育已经够多了，婴儿时多是母亲喂养、照料；上幼儿园全是女老师的教育；小学、中学阶段基本上也是女老师教育为主。如果在家里父亲再放弃教育的责任，孩子从小到大都受到一系列女性教育，哪还会有阳刚之气？能不"阴盛阳衰"吗？

2. 缺少男性教育，孩子的性格、情感、意志、思维方式等都会受到一定的影响

有个男孩胆子特别小，上课不敢举手回答问题，即使回答，声音也像蚊子似的，学习成绩总是上不去。老师调查后发现，原来在家里孩子总是跟着母亲，母亲胆子很小，总怕孩子碰伤，因此对孩子"包着抱着"，孩子也就变得内向、胆小。针对这一情况，老师建议让父亲多和孩子接触，在家里以父亲的教育为主。于是父亲便常常带着孩子一起爬山、划船，他那不畏艰险的精神和博大的胸怀陶冶了孩子的性格。结果，孩子的胆子越来越大，上课积极举手回答问题，学习成绩也直线上升。

因此，家庭教育中必须强化男性的教育。男女之间的性格有所不同，从总体上来说，母亲比较温柔，父亲则具有阳刚之气。母亲的温柔、细致、耐心、体贴和父亲的豁达胸怀、豪爽性格在教育孩子上必须做到阴阳平衡。要改变男性教育不足、女性教育过剩这种状况，必须加强男性教育。

据美国耶鲁大学的科学家最近做的一项研究成果表明：由男性带大的孩子智商高，他们在学校里的成绩往往更好，将来走向社会也更容易成功。这项调查是他们持续了12年，从婴儿到十几岁的孩子，各个年龄段进行跟踪调查所得出的结果。

我们并不否认女性教育的重要性，母亲以女性特有的感情细腻、做事认真仔细、性格温柔去影响孩子，通过讲故事、教唱歌、玩玩具等给了孩子很多的关怀与呵护，这是功不可没的。然而，缺乏男性

教育往往会使孩子表现出多愁善感、性格懦弱、胆小怕事以及性格孤僻、自卑等特点。

男性教育恰恰弥补了这些不足。男性的特点往往是坚韧、大胆、果断、自信、豪爽、独立，这些对于女性来说略显薄弱，这就显示出了男性教育所不能替代的作用。

从教育的方式上看，男性教育往往具有以下一些特点。

（1）男性倾向于自立，因此会教育孩子也要自立。父亲往往不是对孩子包办代替，而是鼓励孩子独立处理问题，因此对孩子溺爱的成分就比较少。有时孩子摔倒，并没有哭，可是母亲却赶紧跑过去把孩子扶起来，又是拍土，又是揉，硬是把孩子的眼泪揉出来了。而父亲往往不是这样，他们会说："走路怎么不注意，站起来，往前走，我相信这次一定会走好。"孩子并没有哭，而是站起来就往前走，父亲在后面拍手说："真勇敢！真勇敢！"从而使孩子充满了自信。

（2）男性喜欢冒险。因此父亲对孩子的冒险行为也会适当给予鼓励。如果孩子从高台阶往下跳，母亲往往会严厉批评，可是父亲就不是这样，他会伸出大拇指，对孩子说："真棒！"

（3）男性喜爱运动。男性喜欢带孩子去跑步、游泳、攀岩、打球，这无形中就锻炼了孩子的意志力。

（4）男性的动手能力比较强。让孩子劳动不只是扫地、擦桌子，而是和孩子一起用锤子、刀子等工具去修理东西，制作玩具，培养了孩子多方面的动手能力。

（5）男性的探索精神比较强。父亲和孩子在一起往往会搞些探索性的活动。如果孩子把玩具拆开，母亲往往会骂他一顿。而父亲却常常不以为然，甚至会和孩子一起拆玩具，满足孩子的好奇心，然后再教他把玩具装好。另外，父亲对新生事物比较感兴趣，这也会激发孩子对新生事物的兴趣。

（6）男性一般比较爱下棋。若父亲常常和孩子在一起下棋，可以培养孩子的逻辑思维能力。

（7）男性不像女性那样爱干净，因此对孩子玩泥土、挖沙子往往抱支持态度。英国科学家发现，孩子太干净对身体并不好，他们的研究结论是"脏"孩子更健康。这是因为人如果太干净，很少接触细菌和病毒，体内无法产生抗体，一旦有大量病菌侵入就会被打倒，因此"一尘不染"对孩子成长并不是好事。这样看来，男性对孩子卫生问题的宽松态度，反而有助于孩子的成长。

（8）相对女性来说，男性比较喜欢劣性刺激，如困难、饥饿、劳累等，认为这些是人生必有的经历，孩子碰到这些困难没有什么了不起，应该让他自己去克服。这样的劣性刺激，对孩子的成长十分有利。

实践证明，日常生活小事上，孩子往往依赖于母亲，但是在生活的关键时期、重大问题上则依赖于父亲。母亲与孩子的谈话往往是细致的，而父亲与孩子的谈话则具有哲理性。在孩子的心目中，母亲是水，父亲是山，山水相依，缺一不可。因此，教育孩子时，父母都应该负起自己的责任，但在时间上又各有侧重：在孩子小时候，母亲应该多负些责任，因为这时候孩子需要细心的照料；孩子长大以后，父亲应该多教育，这是因为孩子大了心理特点有变化，照顾过细他反而会反感。

无论怎么说，父亲在教育孩子的问题上不能撒手不管，一定要负起责任。家庭教育呼唤男性教育，当父亲的一定要负起教育子女的责任！

（摘自http://baby.163.com/11/1025/15/7H7JGSI300262HR8.html，2011年10月25日）

当父母遭遇家庭教育的瓶颈

——正确度过家庭教育的困难期

冉教授:

您好!

自信的内心比外表更迷人,思想渴望比星光更闪亮,开放的思维比绽放的花儿更美丽。

我觉得我天性就喜欢和有创新意识、个性鲜明、生活富有情趣的人接触,也许是成熟得太晚,糊涂一混,走进而立之年,似乎不糊涂了,很多困惑又来了。

从我姑妈的女儿(40岁)去年生胃癌,三个月不到就走了之后,我突然感到人生很短暂,也很孤寂,特别是看到她的丈夫半年不到就组成新家,她的儿子每次看到我都低着头,心里特难受……人真是要好好过好每一天,能健健康康地走在红尘路上,就是幸福的。

女儿父亲的确做得很少。三言两语,简单粗糙,若我说得多了,他就沉默。俗话说得好,"讨饭的娘也胜过当官的爹"。所以我也懒得计较。"相知同趣是多难",我努力做好妻子,做好母亲,对得住自己,问心无愧就是,就这么简单。

一个能够援手帮助并能触动你心扉的人是真朋友。

我觉得女儿在您的帮助下(每次都会认真看您的回复)也进步了不少。发脾气少了。昨天周三,吃过晚饭后,学习时间没到,女儿开始看动画片,为了看到结果,延长了15分钟,(到点时我不断催促)终于6:45开始学习。7:20她就说,"我看不进书,想吃东西。"我有点不高兴,就说:"冰箱里就有梅和桃。"她说:"不想吃。"而且躺在床上,我说:"等下会着凉的,没事做了?"她说:"有,不想做。"她又去自己房间,没到20分钟又出来,说:"还是不想学习。"又躺在床上,"可能是今天数学作业太简单,一想就会,不想做。"女儿说。"你可以换别的科目学习,按时间表上做。"我告诉女儿说。她又说:"还是不想学,让我看20分钟电脑动画片,可能心情就会变好点。"我说:"那时将近9:20,今天晚上报销了。"我特不快乐,但没发作。(这时我大声朗读优美诗文,心情就会马上愉悦起来,我立刻去做)女儿像没察觉似的,20分钟一到，她立刻回到自己房间学习，静静地做作业做到10：30，然后洗漱上床。

她自己主动列作息时间表来约束自己，虽然没不折不扣地执行，但能做到几点也是一种进步。她还向我保证上网不聊天。

但我观察发现，女儿仍旧在早上或晚上读书不多，没理解更没体味朗读的益处与愉快。错题重复做，不理解含义。理解不透彻，要做就难；不能持续做，想理解透也难。俗话说："光说不练假把式，光练不说傻把式，又说又练真把式。"急不得，还要想办法。教授，您怎么想呢？

您说，家庭教育最困难的时期就是现在。成人要做得艺术，尊重，真正地尊重，但是又要把关键地方都管到，叫作"内紧外松"吧。对此我理解不透，您能说说吗？

此致

礼！

慧灵

2007年6月14日

家长朋友：

我最近被邀写一本关于"生命教育"的书，写的过程就是我学习和思考自己人生的过程。我们每一个人能够来到这个世界上真是幸运。虽然我们终将回到宇宙中去，但是作为万物中最聪明的一员，真应该好好过，提高生命的质量。我分析了哲学家海德格尔推崇的"人诗意地栖居在大地上"这句名言后，认为浓缩起来有两个含义：人的生活必须有理想，有追求，有创造；而理想必须扎根于现实，立足于当今，这就是过美的生活，用美的规律塑造自己的人生。

若想你爱人更多地参与教育孩子的工作，也要慢慢来。我认为话少不是问题，少而精比多而滥好。希望他能够抽时间和孩子共同做一些事情，一起来分析孩子……父亲的教育是母亲代替不了的，实际是互补的。

关于我写的"家庭教育最困难的时期就是现在。成人要做得艺术，尊重，真正地尊重，但是又要把关键地方都管到，叫作'内紧外松'吧"。主要有以下三个意思。

一是真正地尊重，尊重孩子的需要，而不是家长的需要。不能把家长的需要强加给孩子，这就要认真研究孩子究竟有什么需要。有些需要本质是合理的，但是孩子表达出来好像不对。比如"追星"，其实反映了孩子在思考人生应该怎样过，什么样的人生是值得羡慕的。这种思考非常有价值，至于"追"的表面、肤浅，甚至错误，慢慢会随着成熟而纠正。我们尊重他们"追求"的这种需要，然后才是对话、讨论。

二是抓关键。从最基本的身体开始，到学习、精神面貌。抓其中的关键，如道德，我觉得关爱、诚信、进取最重要。小事、习惯，在小学认真抓，慢慢就不抓。有的家长主张"小学抓小不抓大，高中就抓大不抓小"，有道理。

三是艺术手法。对关键问题要严格，方法要让人愉快，"内紧外松"。比如下面这位家长就很艺术：

我们都是家用电器

今天中午吃完饭，妈妈叫我洗碗。我不肯洗，妈妈就用很好听的声音说："我的小洗碗机，快去洗碗吧。"我就高兴乐呵地去洗碗了。我一边洗一边说："那妈妈就是小天鹅洗衣机啦！"因为妈妈常给我们洗衣服。爸爸不甘落后地说："我是三角牌电饭锅，因为我天天给你们烧饭吃。"我笑着说："哈，那我们都是家用电器了！"我想：爸爸会每天给我们烧上香喷喷的饭菜，妈妈会给我们穿上干干净净的衣服，我应该把我洗碗的任务完成得好上加好。

（一个二年级孩子小韩的日记）

以上都是些探讨。您可以多琢磨下。

您的朋友　冉乃彦

2007年6月20日

相关链接

做“朋友式的爸爸”

我有两个孩子，我很喜欢他们，他们也很喜欢我。生活中酸苦辣咸全都有过，但“甜”始终是主旋律。回想起来，这主要得益于我一开始就愿意做孩子的朋友，做个“朋友式的爸爸”。

现在，虽然我每当回答不出孩子的提问时，他们就开玩笑地说：“这个问题都答不出来，还当爸爸，以后改选！”以后随着他们的成长，我越来越答不出他们的问题，但他们仍然十分尊重我的意见，这种表面被淡化了的家庭教育，实际效果反而不错，这可能就是“朋友式的爸爸”的特殊效应吧。

我是这样做“朋友式的爸爸”的：

他们喜欢的我就喜欢，孩子们小时候特别喜欢动物。我陪他们去过动物园十几次，家里饲养过蝌蚪、鸡、小鸭、鱼、虾、乌龟……我和孩子们一起为蝌蚪长出了腿而欢呼，又为小鸭的突然死去而悲伤。他们喜欢画画，我们就一起编画册，画漫画，画小人书。而当他们因为迷上了“洋画”，学习成绩大大下降时，我大为恼火，为什么那些粗制滥造的小画片竟能吸引他们，使他们眼睛放出异彩？经过观察，我明白了他们是被“洋画”中那些神通广大的历史人物迷住了。于是，我就和他们一起对连环画中的人物进行分类“研究”，还比赛看看谁记住梁山好汉的名字多。以此激发他们对历史的兴趣。现在老大已考上了一所大学的历史专业，专业成绩总是名列前茅。

我为他们挫折中的闪光点而自豪。孩子们成长的过程是曲折的，失败和挫折往往让人苦恼，但我十分注意首先为孩子们众多的失败中的闪光点表示高兴，感到自豪。有一次孩子的外语成绩考了58分，我居然表扬了他。因为我深知一个没有打好外语基础的孩子，短时间能够从30多分提高了20分，这是很不容易的。我鼓励他，“差2分就及格了，下次一定能及格，努力吧！”这种“朋友式的爸爸”的鼓励，使孩子们始终充满自信，养成了不怕挫折的性格。

我为孩子超过我而高兴。回想起来，大约孩子们上初三前，他们向我提问多，而初三以后，我向他们提问多。我越来越爱和他们谈心，从他们那里能不断听到新鲜的知识、观念和思考问题的新角度。如有一次，我对电视节目中的服装表演发起牢骚："一个个走路扭来扭去的，平时谁这么走路？一个个面部表情冷若冰霜……"而孩子们的回答，是我从未想到过的："这都是为了展示服装的风采，这样走，才能使服装摆动起来，表现出它的美；面无表情这是为了让观众把注意力集中到要展示的服装上去。"这时，我哑然了，只好默默地思考，我看问题的方法有些片面了。

有时候，孩子们甚至批评我"看问题太浅，眼光太近"这些话，过去都是批评孩子的"专用"词汇，今天倒过来了，咋听也不顺耳，但是，接着他们是一大串道理，你不得不心服口服。他们也时常和我探讨问题。在争论中，他们不但希望得到我的肯定与补充，更希望得到反问。想把他们的智慧之剑，在我这块石上磨出锋芒来。

虽然孩子们慢慢在许多地方超过了我，但我的威信并未因此而下降。因为一个绝不"不懂装懂"而执着追求真理的人，在孩子们的心目中是值得尊敬、喜欢的，因而也不会失掉教育的主动权，我想这就是做"朋友式的爸爸"有特殊效应的根本原因吧。

☺ **温馨小贴士**

如何解决孩子学习中的惰性

人都有惰性，事情不急的时候会想拖一拖再做。在一个人成长的路上，勤奋是非常重要的因素。勤奋的人之所以更容易成功，就在于有很强的自制力，不让惰性蔓延。而这一能力，需要从小时候的好习惯培养起。我们建议家长朋友可以从以下几个方面，帮助孩子养成抓紧时间的好习惯，为勤奋打好基础。

1. 从生活自理开始训练

孩子在生活中磨蹭、拖拉，往往和生活自理能力差有很大关系。有的孩子从小缺乏独立的机会与体验，父母包办较多，孩子也容易缺乏自理的能力和自信。所以，父母要让孩子不拖拉不磨蹭，要先提高他们的自理能力。孩子在生活中有信心，在学习上也自然容易较快地适应，做起来得心应手。

2．调动孩子的好胜心

孩子做某些事情动作慢，父母可以一起比赛谁更快，孩子的好胜心比较容易被调动起来。孩子不但动作快了，一家人也其乐融融。

3．和孩子"约法三章"

为了防止孩子拖拉，父母可以制定一些孩子做事时需要遵守的规则，如先做完作业再看电视、先收拾好书包再上床睡觉等。其原则就是先做必须做的事情，再做可做可不做的事情。时间一长，孩子便习惯了做事的顺序，就不容易再拖延磨蹭了。

4．和孩子一起改进

有时大人也很容易拖拉，想改变孩子做事磨蹭的习惯，就要和孩子一起努力，看谁的进步更大。孩子看到爸爸妈妈在认真地改掉拖拉的习惯，就会相信他自己也有这样的能力，积极性也会大大提高。

5．任务适度，给孩子一些自己的时间

有时孩子做完功课后想做一些自己喜欢的事情，但父母却给布置了其他的练习，所以孩子便想出磨蹭的方法"消极抵抗"。学习任务适度，不但有张有弛，效率更高，同时也会让孩子看到"快"的价值——争取的时间可以自己支配。

第 16 封 来 往 信

帮孩子过一个有个性的假期

——警惕孩子掉入"分数陷阱"

冉教授：

您好！孩子的期末考试成绩出彩：语文和数学分别为82分，英语为96分，物理为72分。女儿说："这次英语考试虽然进步了10分，但离第1名还有6分之差；这次数学发挥不好，不该丢20分。"她分析数学成绩失分是自己粗心，但她说不怕，叫我别担心。因为她仍喜欢学习。这次她又回到了班上前10名的行列，她说："还是要努力点，回到原来的全校前5名的行列去。"我只说有份上进心，有这股热情，再加上踏实的学习作风，妈妈就欣赏，分数是其次的。

放暑假后，女儿去私立学校上了一个月的课，是初三的课程，让她先做个预习，后一个月就玩玩，做做作业，看看课外书。她自己这样安排，我没说什么，我想，让她多多体验不同的教育方式也好，同时也是耐力、体力、智力的较量。

教授，您怎么看？

此致

礼！

慧灵

2006年7月9日

家长朋友：

孩子考得不错，我很欣赏您的回答："有份上进心，有这股热情，再加上踏实的学习作风，妈妈就欣赏，分数是其次的。"现在确实有些孩子掉入"分数陷阱"，自愿成为"考试机器"。可见改变一种社会心理，仅仅家长努力还不够。

关于暑假，还应该重视，建议给孩子增加一些实践活动。许多老师说，学生暑假后回到学校，都有很大变化，只不过有的变好，有的变差了。我过去写过一篇关于暑假生活的文章，在《少年儿童研究》杂志上发表过，供你参考。

您的朋友 冉乃彦

2007年7月14日

 **相关链接**

家长怎样对待孩子的暑假？

爱因斯坦有一句名言：人的差异在于业余时间。假期就是孩子一个很长的业余时间。老师常常发现，经过一个假期后孩子变化很大，只不过有的变得更好，有的变得差了。因此家长应该非常重视孩子的假期生活。

1. 假期应该是培养孩子自我教育能力的好时期

人的发展受到四个要素影响：遗传、环境、教育和自我教育。而自我教育是在前三个要素影响下产生的，后来反而成为孩子成长中最重要的要素。假期应该成为培养孩子自我教育能力的好时期，孩子在假期中如果能练习自己订计划，通过品德的自修、科目的自学、生活的自理，提高自我教育能力，将一生受益。

但是，强调在暑假要培养孩子的自我教育能力，并不是让孩子想做什么就做什么，更不是成为不负责任的家长的一个借口。由于孩子各方面的不成熟，在不健康的文化思想影响下，他们对暑假有一些糊涂看法并不奇怪。例如，有一个中学生在《我希望有这样一个暑假》中写道："我希望有这样一个暑假：清晨，可以懒懒地躺在床上……吃完了早饭，便坐在柔软的沙发上，打开电视机，找一些电视剧看……到了下午，坐在舒适的转椅上，吹着电风扇，开始玩电脑。先玩一玩网游，和朋友们共同在虚拟的世界里奋战，玩累了，再到论坛上边聊一聊，写几篇笑话；之后再玩会儿赛车游戏，最后再玩玩角色扮演类的游戏，体验各种各样的生活与经历。如果眼睛累了，骑着自行车去兜兜风……到了晚上，坐在院中的花坛边，看群星闪烁，伸出手掌去捕捉月光的清辉——一切都是那么平和、安详。没有作业，只有玩，只有放飞的思想。"这些愿望虽然可能出于对负担过重的反叛，但是作为暑假的安排，显然是不可取的。家长如果对此放任不管，不加分析地满足孩子的所有需要，肯定会害了孩子。

在暑假培养孩子的自我教育能力的过程中，家长应该认真地起到唤醒、反馈和价值引导作用。唤醒，就是调动孩子的潜能，激励他自己制订一个愉快而又有意义的暑假计划，家长起参谋、建议作用，绝不要包办代替；反馈，就是对孩子暑假的所作所为，家长随时热情地分析评价；价值引导，就是家长要善于运用孩子喜闻乐见的方法，通过点点滴滴的暑假生活细节，帮助他们理解荣辱，看到正确的人生方向。

2．假期应该过得愉快而有意义

假期的生活既要轻松活泼，达到积极休息的目的，又要充实而有意义。有些学生热衷于"突击完成作业，然后彻底休息"，其实这种做法不可能使暑假真正休息好，这样的生活也无意义。因为那种终日睡大觉、无所事事或者追求毫不节制、疯狂游戏的生活方式，只能损害健康，虚度年华。那种放纵、空虚的生活，不仅浪费生命，同时更重要的是它吞噬着积极向上的灵魂。家长要引导孩子从小要学会追求生活的质量，设法使每一天过得充实而有意义，暑假就是一个绝好的演练机会。

一个愉快而有意义的暑假，就是要科学地安排各种有健康内容的活动，这样既达到积极休息的目的，又起到扩展知识、提升精神境界的作用。例如，去动物园和百兽交友，去植物园与百花攀谈，去博物馆与历史对话，去体育馆使身体矫健，去科技馆与未来握手，去图书馆进行灵魂修炼，都是不错的设想。

孩子的成长需要多方面的"营养"。比如，他们需要"交到一些新朋友"，因为"和同学在一起有话说"；当然他们也希望多和父母亲人在一起，"我觉得一家人在一块儿挺亲的！""有什么困难了，也需要妈妈的帮助"。

这种亲情交往和社会交往，能使孩子学会如何和别人合作，通过交往不仅掌握了现代社会的这种重要能力，而且从思想道德上也会获得体验，得到发展。例如，在《忙碌、充实、健康、快乐的暑假》一文中的"暑假日记"里，孩子生动地记述了他两次不同地处理和小朋友之间矛盾的过程，最后他深有感触地说："我觉得今天这件事情处理得很好，以后我要像今天这样处理和小朋友之间的矛盾。"

3．应该重视假期和上课时期的区别

假期和上课最大的区别，是假期有大块的时间供孩子使用。应该利用这种宝贵的大块时间引导孩子多参加实践活动，多亲近大自然，多参与公益活动。因为这是平时想做而没有时间做的大事情。

有些家长只看到读书、写作业是学习，没有看到这些丰富的活动也是学习，读这些"无字书"其实是更重要的学习。孩子们如果没有直接经验做基础，整天钻进书本里，满脑子记住的都是一些间接经验，将来只能走向高分低能。去农村，让孩子在小河边洗洗衣服，在山坡上打打柴草，在圈旁学学喂猪，在牧场练练放羊，那是在上一堂生动活泼的生活技能课。不仅能够初步学习各种劳动本领，更重要的是体验到劳动的伟大，会从内心尊重各级各类的普通劳动者。

走向大自然，让孩子摸摸小草，翻翻泥土，看看日落，听听虫鸣。那是在上一堂振聋发聩的科学课。长期住在"水泥森林"城市里的孩子们，根本不知道世界是什么样子，从来没有想过现代的生活条件从哪里来。补充这样的课才能使孩子真实地理解世界，进一步扎实地对待人生，才不至于被传媒天空、虚拟世界弄得神魂颠倒、失去方向。

参与公益活动，孩子在暑假如果能为敬老院的老人表演节目，为社区楼群打扫卫生，参加绿化祖国的植树活动等，那是在上一堂社会课。在和人们的交往中，孩子们不仅会提高交往能力、工作能力，更重要的是体会到把爱给别人时的幸福感，为探索人生

价值奠基。

4. 假期应该过得有个性

假期不要过得整齐划一、千人一面，要有一部分时间满足孩子的个性需要。根据心理学家霍华德·加德纳的多元智能理论，我们会发现每一个孩子都有不同于别人的智能结构。有的孩子逻辑思维智能比较强，有的孩子语言文字智能更出色，还有的孩子音乐智能十分优秀……不同智能结构的孩子，他们的需要自然也有不同。在暑假，有的需要绘画，有的更想歌舞，有的要制作，有的要写作。家长就应该根据他们不同的需要安排有个性的暑假生活。

由于智能结构不同，不仅他们的需要不同，而且在学习同样的内容时，他们擅长的学习方法也不同。比如对"民主"这个概念，熟悉人类历史的孩子会从丰富的史实中得到理解；而喜欢音乐的孩子，则可能通过乐队的指挥和乐手之间的关系悟出道理。

遗憾的是，现在不少家长，有的是由于不了解多元智能的理论，更多的是出于严重的"攀比"心理，主观地设计孩子的暑假生活：别人的孩子上英语补习班，自己的孩子也一定要上；甚至别人的孩子上两个补习班，为了超过他，则要逼迫自己的孩子上三个补习班。这样做的结果，本来可以发展个性的暑假，却变成了强加给孩子，使他们备感痛苦的生活。

另外，从年龄特点看，大一些的孩子，可以出外旅游做些简单的调查，开阔眼界，丰富自己的头脑，去读一本明白人生、了解社会的大书；年龄幼小的孩子，做游戏，读童话书，观察豆芽或者蝌蚪的生长，过有规律的生活，按计划完成暑假作业，学会生活自理，养成好习惯，可能更为重要。

不同孩子，暑假的安排也应该有所区别。学习优秀的孩子，可以利用暑假时间，发挥自己创造性的才能，取得学业之外的成果；而学习困难比较多的孩子，假期应该抽出一部分时间补习功课，争取打一个翻身仗。

最后，不论怎样安排暑假生活，对于头脑发热、重智轻德的家长，我想送上一服清凉剂：李开复博士说的"一个没有良好的价值观，没有正确态度的学生，即便进了名牌大学，他的成功概率也一定是零"。

网络点评

　　谢谢教授，您讲得很好，真希望天下的孩子勤奋好学，老师严格要求，拒绝抄袭，家长极力配合，为国家、为人民多培养一些真正的人才。

——开心（网名）

第 17 封 来 往 信

一 寸 光 阴 一 寸 金

——人生观教育应积极稳妥地进行

冉教授：

您好！

光阴荏苒，暑期一晃而过。女儿可以说是补了一个月的课，然后去南昌市玩了几天，又去表姐家玩了 10 天（主要是学游泳），假期作业是在后一个月做的。这些都是她自己安排的，我退在一旁，没去管她。女儿在暑假变化有多大，现在似乎看不出太多。但后一个月，我感觉没让小孩子在暑期玩也挺可惜，所以就没多干涉。

开学了，女儿对我说新学期不看电视，不玩电脑，全心全意用功读书，争取明年中考达到目标（去市一中读高中）"。我说："好，有目标，又能脚踏实地去做，你就会非常棒！两军开战，粮草先行，一日三餐，妈妈力求准时、优质，一定做到。"

周一下午放学后，女儿发现零用钱不多了，她要求只要她每周坚持早上读 20 分钟书，坚持 7 天我奖励 7 元，若一天没做到就一分不要。她认为这样做的好处：不仅可以赚点零用钱，而且最重要的是培养自己的意志力，改掉睡懒觉的习惯。我开始说："别又夭折了，晨读本该是你的职责，就像我每天必须第一个早起准备早餐一样。"她说："不会"。

我心想，望梅止渴总比浑浑噩噩强。只要孩子有积极的心态，就是好事。她爸爸叮嘱说："这是初中的最后一年，该修正的毛病一定要改了，如浮躁，看电视"。

我很赞同如下观点：许多看似简单的事情，其实际的意义并不在于事情本身，而在于做这件事情的过程对人的意志的修炼。一如既往地做好简单的事情，是坚持，是积累，时间长了，便会内化成为人的一种韧性。就像苏格拉底要求学生坚持"每天甩手 300 下"一样，结果是只有柏拉图一年后仍然坚持下来，这与他能成为古希腊一位伟大的哲学家不无关系。女儿说："我不再订作息时间表，没做到，羞愧……"我告诉女儿："别太在意爸爸的批评，自己心中有杆秤，反思反省自己，对就接纳，错就一听而过，不理解就暂放一旁。妈妈仍然要求你重做一张作息表，什么时间该做什么，清楚明白比模糊再去想要强。好习惯与坏毛病都有一个较量、反复的过程，只要你的意志掌好舵，慢慢地就能学会监控自己的行为。

冉教授，您对此有何看法？我最怕的是自己在不慎的言行中给了孩子负面的影响，自己还感觉良好呢！自我感觉麻木或感觉超好、不客观的父母无处不见啊。

孩子学生时代的核心竞争力是学习成绩，成人时代的核心竞争力是"智慧、人品"，现在是基石，人往高处走，怎么走？老老实实地拾级而上。这是阶梯，也是规律，更是法则。所谓的成功，就是目标的实现。目标的细化、量化、具体化的过程，就是形成阶梯的过程。老师要求背诵默写的一篇也不放过。布置的作业、练习、试卷一道题也不放过，按质按量按时完成，不懂一定要去思考，要去问同学或老师，要自己沉静下来，去悟去品，不留病根；紧跟教师的教学进度，努力把学习的主动权牢牢抓在自己手掌里。天道酬勤，问心无愧。

昨晚发生的一件小事，让我惊喜地发现：女儿为小事抓狂的毛病改掉了！

大约9点钟，女儿正坐着看电视剧，她爸爸当时表情严肃地讲了几句，大意是"看起电视来了？悠闲自在了？不错嘛！"女儿告诉我她听了心里非常不舒服，立刻回到自己房间……我进客厅后（当时我在上网），见老公一脸严肃，关掉电视，准备洗澡，就问事由。然后我说："爱的里面一定隐藏着恨，一点儿没错，因为你爱她，有责任监督她自己抓紧时间，勤奋点。每当我做早餐时，只要我听到女儿的朗朗读书声，心就如蝴蝶般翩翩起舞……提醒是对的，但应该选择一个更好的时间点，今天女儿不舒服，你一点儿也不知晓。"我随后进房间看了一下，女儿正在做数学作业，好像什么也没发生过似的，我心释然，发觉女儿心胸宽广了，不再无谓地闹情绪了，不再执拗地耗费时光和精力了。

我想，若要影响对方，自己一定先要有爱心、激情和目标。爱心能融化对立情绪，激情能彼此感悟。"只有使人忘我的事情，才能使他的生活获得意义。显然，生命的意义在于付出而有所收获。人的存在具有双重性，人既是个人的存在，又是社会的存在物。把自己的生命和自我当作最重要的东西，当作价值的最高点，就不可能感悟到生活的意义。不能忘我的人是不幸的，他不会有感人的亲情和爱情，不会有伟大的成就，理解不了伟大的艺术……如果一个人的生活是有意义的，他必定热爱一些人和事情超过爱自己。"我曾读过《傅雷家书》，傅雷夫妇对傅聪极致忘我的爱心、耐心、苦心，令人铭记在心。不要对别人的期望值太高，重要的是对自己尽心、尽智、尽力，您说对吗？

慧灵
2007年9月9日

家长朋友：

女儿的暑假没有单纯复习功课，有了不少活动，不知孩子自己感觉如何？我很想知道。因为我想我们的教育如果"不主观""不是成人一厢情愿"，就要尽可能多听听孩子的真正感受，即使有些错误，也没什么，因为它是真实的。

根据我的体会，只要到了初三，几乎没有一个学生是不着急的，即使是原来学习比较差的同学，在周围气氛影响下，也会很快紧张起来。我就知道北京有几个在初二所有学科都不及格的学生，"浪子回头"竟然考上了高中，可见人的潜力之大。不过有些孩子由于意志力差（主要不是基础差），还是败下阵来。

更多的学生是光会着急，不会科学安排，效率并不高，这需要引起我们的重视。所以，我也建议，孩子还是需要认真地做全面安排、部署的（提前采取倒计时方法）。千万不要寄希望于"拼"。（我将一篇关于《掌握运用时间的16种艺术》的文章附在后面。）

孩子确实有了重要的变化：自觉地对自己有要求；听到父亲的批评，能够理智地控制自己的感情，这些非常好；甚至说从"不再订作息时间表，没做到，羞愧……"我们也可以看到，一个孩子的责任感在提高……真是让人高兴。

您对意志力的看法，"许多看似简单的事情，其实际的意义并不在于事情本身，而在于做这件事情的过程对人的意志的修炼。一如既往地做好简单的事情，是坚持，是积累，时间长了，便会内化成为人的一种韧性"。我觉得讲得很好，我自己也有这样的体会：在许多事情的坚持中，度过最困难的"黎明前的黑暗"，自己对事情看得更清楚了，对自己更有信心了，意志力因此更强；而无此经历的，则往往对事情看不清楚，对自己也更加没信心。

孩子根据自己的特点，提出"早读20分钟计划"，正像她说的"不仅可以赚点零用钱，而且最重要的是培养自己的意志力，改掉睡懒觉的习惯"，虽然看起来境界不算高，但是可以算个过渡（注意，仅仅是过渡），也是她的一个小发明，"抓到耗子就是好猫"。

所有学生学习的目的、动机，其实是一个非常重要而又艰难的问题。估计到高二，会有比较深刻的看法。但是家长不能干等着，只要孩子有探讨的要求，您就积极对待，但是不要去讲一些空道理。您一直在做的铺垫性、准备性的工作，肯定有用，希望坚持下去。目前，社会上流行的人生观念，公开地主张为钱、为名而活，毫不认为是错，更不认为是耻，对孩子成长并非有利。

但是，我坚信这个问题肯定能够解决。一代人比一代人聪明。"90后"就比"80后"更聪明。因为他们生长在一个宽松、信息丰富、教育改革的时代。谁也不愿意白白过一生，聪明人的聪明在于，最终能弄明白人应该怎样活着才有意义，要像许三多那样活得有意义。

您的朋友 冉乃彦

2007年9月11日

相关链接

掌握运用时间的16种艺术

1. 养成爱惜时间的习惯

运用时间的艺术，基础在于要珍惜时间。而运用时间艺术的第一点，就是要养成爱惜时间的习惯。时间的流逝往往不易发觉，正如意大利谚语所委婉说的，"时间是无声的锉刀"，一旦自己发现，为时已晚，"花有重开日，人无再少年"，只剩下后悔了。养成爱惜时间的习惯，就能处处自动地爱惜时间，不会因忘记而后悔。

良好的习惯能够减少浪费时间。有的人没有养成好习惯，早上要不要刷牙，晚上要不要洗脚，还需别人费力地"督催提醒"，自己费时地进行"思想斗争"。而如果养成爱惜时间的习惯，既不费时，也不费力，自然而然就做了，因此有助于节省时间。

2. 要讲究效率

"节省时间，也就是使一个人有限的生命更加有效，而也即等于延长了人的生命"（鲁迅）。"内容充实的生命就是长久的生命。我们要以行为而不是以时间来衡量生命。如能善于利用，生命乃悠长。"（塞涅卡）不讲效率的人，即使长寿，他的一生也会由于松散、低质，而显得暗淡；而讲究效率的人，他的卓越高产，会使得别人感到他好像有了好几个人生。在现实生活中，人们也会感到，讲究效率，时间变长；不讲效率，时间变短。

3. 长规划，短安排

"不知道明天该做什么的人是不幸的"（高尔基），这句话说得非常好。但是，明天究竟该做什么，不是简单一想就能解决的，它需要在有了长规划和短安排的基础上，才有可能找到一个最恰当的选择。

做事情应该有个轻重缓急。正像斯宾塞所说的："时间有限，不只由于人生短促，更由于人事纷繁。我们应该力求把我们所有的时间用于做最有益的事情。"但是如果没有长的规划，常会做些在当时感到急需去做，而从总体看，实际上是不必急于做，甚至是不应该做的事。比如"早恋"，以当事人当时的情感来说，这无疑是一件最急需去做的事，而从总体来说，对于一个在各方面都不成熟的人来说，早恋会对人的整个一生造成重大损失。

没有短的安排，则又会出现美好计划最后落空的危险。常常见到有的人，他订出计划要读一本重要的书，但是由于没有安排具体的、可行的读书时间，每天都会感到应该读、想读，就是找不出时间。一推再推，使得读书一直停留在规划阶段，永远不能兑现。

4. 拐大弯——将重要又紧急的事情变成重要而不紧急的事情

一般来说，一件事情如果是既重要又紧急的，我们只能采取拐急弯的办法，但是，这样做往往会造成巨大的震荡，要冒很大的风险。

解决的方法就是，将"拐急弯"改成"拐大弯"，也就是为了避免突然发生的那种大的波动，而提前采取行动。将那些预料要发生的问题提前安排，把时间拉长慢慢解决，把紧急变成不紧急。例如，把一次大地震设法改为一个长时间内的若干小地震，就能减少损失。同样，在家庭关系和班集体建设中的小问题，要安排比较长的时间，一个一个地认真解决，不要等到问题成了堆。

5. 精力最充沛的时间，干最费精力、最重要的事

每天要做的事，千差万别，有的需要费脑筋，有的需要费体力；有的干起来十分吃力，也有的比较轻松愉快。而人的精力，在一天里也有很大的差别。如果在精力最充沛的时间里，干了比较轻松的事，没有精力了，反而要干些费精力的重要事情，总的效果自然不会好。

聪明的做法应该是：脑力、体力都最充沛的时候，选择最重要又是最费脑力和体力的事情；体力差时，做些费脑力的事情；脑子疲劳时，选择专用体力的活，这时反而能使脑子得到休息。

至于什么时候精力最充沛，那要看你的"生物钟"的特点。例如，有的人属于"百灵鸟"型，那自然在清晨是最出活的时间；而那些属于"夜猫子"类型的人，夜幕降临才是他们大显身手的时刻。

6. 根据环境条件，选择相适合的事情干

人做事情离不开环境，可是环境又不是个人所能够左右的。因此，这个时候要想充分利用时间，就必须善于选择和环境相适合的事情去做。例如，您刚刚想静下来读一本书，突然来了不速之客，就不如干脆改为和他交谈，请教一些问题，因为这位客人的人生经历，就是一本有价值的"无字书"啊！

有时候，您原本精神抖擞地准备乘车远行，突然得知火车晚点两小时，这时一分钟也不要懊恼，立刻改为读一本早就想读的书，或者趁着精力充沛，背熟那些数量惊人、让人生畏的外语单词。

7. 整块时间，干件大事，打个歼灭战

有些事情，最好是用一整块时间，一气呵成，干出个结果。比如，计算一道复杂的数学题，第一天刚想了一会儿，又忙着去做别的事，第二天又得从头开始想，因为昨天的思路已经忘记了，就很容易变成"狗熊掰棒子"。

在事物的各种矛盾都暴露出来的时候，看准了要解决的问题，集中自己的优势，既抓住主要矛盾，又要抓住时机，集中时间，专心致志打个歼灭战，尽量干出个结果，往往会得到事半功倍的效果。

当然所谓大事，需要经过分析筛选，一旦认定，就要舍得使用整块时间打歼灭战，因为俗话说得好，"伤其九指，不如断其一指"。

8. 对时间的"下脚料"，要善于巧安排

生活中，常常有些剩余的小段时间，往往不被人重视，白白地浪费掉了。比如，候车的时间，开会前的时间，约会等人的时间，买东西排队的时间，这些可以叫作时间的"下脚料"。

时间的"下脚料"由于它的零散、短小，常常被人轻视。然而伟大的科学家达尔文的观点却相反，值得我们深思。他曾说："我从来不认为半小时是微不足道的、很小的一段时间。完成工作的方法是爱惜每一分钟。"

对于时间的"下脚料"，要善于巧安排，利用不同场合的有利条件，做相应最有效的事情。例如，开会前，主动向别人请教问题，交流信息；候车时，背外语单词；排队时，读书报中的短文章；等人时，思考问题，发短信，安排计划等。

9．专门安排一个时间，整批解决零散问题

对一些零散的小问题，为了它，急于专门拿出时间去完成，容易打乱别的事情，但是如果总是不做，也会误事。解决的办法是来个"零存整取"，把零散的问题一个个暂时留下来，然后专门用一个时间，整批解决这些零散问题，来个快刀斩乱麻。

10．"搂草打兔子"，同时做几件事

常见到有人能在谈心时打毛衣，炒菜时听广播。看来有些事情不是不能同时做的，只是没有往那里想。只要想到了，就能同时做几件事。如，写作文的时候，同时练习硬笔书法；买菜的时候，做点社会调查；乘车的时候，发发手机短信。当然，同时做几件事时，一定要保住重点，不要来个喧宾夺主，甚至弄个鸡飞蛋打。

11．"蚂蚁啃骨头"是一种解决老大难问题比较有效的方法

有些事情短时间做不完，找长的时间，实际又没有，如果等下去，可能是无尽头。这时就可以考虑用"蚂蚁啃骨头"的办法——每天用一小段时间，完成一小部分任务，积少成多，时间一长，成绩也是可观的。不少人有这样的经验：每天读几页书，时间长了，竟然可以把一本本厚厚的世界名著读完。我们中国人自古就有"愚公移山"，用这种运用时间的方法，完成了许多伟大的事。

12．有时要使用"倒计时"

有的事情是硬任务，必须在某个期限内完成，晚一天都不成。例如，统一考试。这就需要用"倒计时"的方法安排时间了。又如，必须在1个月内完成的事情，算算还有多少天，自己就要规定每一天的定额，一般要稍微多规定些，留有余地。如果有一天没完成，一定要及时补上。如果不能按时完成，错过了机会，就会前功尽弃，十分可惜。

13. 科学管理，可以"失小得大"

有的人不善于管理自己的东西，用时顺手一抓，用完随手一扔。由于缺少管理，混乱不堪，真到急需的时候，要什么没什么，只好翻箱倒柜，抬床移桌，心里受伤不说，还要浪费很多时间。如果对自己的东西有科学的分类管理方法，用完东西放回原处，比随手一扔好像多用一两秒钟，但换来的却是要什么有什么，大大节省了时间，这叫作"失小得大"。

14. 学会拒绝，学会选择，能够获得时间

碍于面子，不敢拒绝，有求必应，有请必到。结果是今日有约，明日赴宴，看着很忙，正事没干。黑格尔说过："一个志在有大成就的人，他必须如歌德所说，知道限制自己。反之，那些什么事都想做的人，其实什么事情都不能做，而终归于失败。"懒得分析，不会选择，什么热闹都去凑，什么传媒（电视节目、书报）都争看，好像什么都知道，其实是个糊涂蛋。不敢拒绝，不会选择，不仅浪费精力，还得赔上时间。

15. 抓住今天

人往往有惰性，明明今天应该完成又能够完成的事情，但是常常自我原谅，结果是日推一日，最后推得无影无踪。

"昨日不能唤回来，明天还不确实，而能够确有把握的就是今天。"（耶曼逊）谚语说："珍惜生命就要珍惜今天。"古人又在告诫我们"今日复今日，今日何其少！今日又不为，此事何时了？人生百年几今日，今日不为真可惜。若言姑待明朝至，明朝又有明朝事。为君聊赋《今日》诗，努力请从今日始。"看来，抓住今天，才真正抓住了时间。

16. 为了明天有效，今晚要睡个好觉

但是有些事情，本身的性质就需要艰苦奋斗很长时间，那就不要犯急性病。有些好事不要打算一个晚上就做完。为了明天做事更有效，今晚就要睡好觉，以饱满的精神迎接第二天。

第 18 封 来 往 信

孩子需要学习，也需要友谊

——持续发展少年的人际交往修养

冉教授：

您好！

"我们的教育如果不主观，不是成人一厢情愿，就要尽可能多听听孩子真正的感受，即使有些错误，也没什么，因为它是真实的。"您讲得太对了。只有尊重事实，崇尚理性，内心才会宁静，处理棘手问题也才不会被情绪左右。

昨天女儿说："长大了，我想当哲学家，哲学家脑子装满了智慧。现在我也开始思考较深刻的问题了。"我没回应她。今天女儿又说："慈祥的人都是可爱的人。"我说："为什么？"她说："有智慧，能够赐福于别人，照亮别人心路。"

我隐约可以断定，孩子心灵的小橘灯已被点亮，她已经发现了人生追求智慧这条本心之路。为此，我有些许惊喜、些许安慰。但若孩子的意志品质或学习方法不科学，我真的害怕不知哪阵风或哪场雨雪会把孩子的心灯吹灭……

科学有险阻，苦战若不求巧，战未必能过关。正如我们日常所听到的："更多的学生是光会着急，不会科学安排，效率并不高，这需要引起我们重视。"

我把您推荐的《掌握运用时间的16种艺术》这篇应用性很强的美文打印出来，让女儿熟读并加以应用。

另外我对孩子说："教授爷爷很想知道你学习生活的真实情况，你能写点什么给爷爷吗？"在孩子未写之前，征得孩子同意，我摘录了她的两则暑假日记给您看看。

8月20日 星期一 晴

今天，我由于想学游泳，便和同学小华（化名）来到我姐姐家（小华叫我姐姐姨），准备在这边学游泳。可今天真正让我学习到的并不单是游泳，而是怎么聪明地做人。做人十分容易，只要你活着别人就知道你是人；但做人又很难，怎样处理好人际关系？要学会聪明地做人就更难了。我认为，人活着就是一个学习的过程，所以我要做顶尖的学习者。

　　我在姐姐家，当然没有在自己家更自由，要给别人留下好的印象，自己就必须见机灵活做事。虽然说姐姐、姐夫为人大方，但在别人家，我总觉得有第三只眼睛盯着我，所以我认为，我在这里更应该努力学习，起带头作用，但这又得罪了我的同学小华，所以我又顾及她的感受，这不，她又不高兴了，真是麻烦！哎！

　　我要做作业时，她要看电视，不愿做作业，我陪她看了一会儿，我说我要做作业了，可她又不同意。我说："我做我的作业，你看你的电视，行吗？"她说："不行。""为什么啊？"我问。她说："如果你去做作业了，我不去，姨会骂我，我不想做，所以你也先别做，行吗？""我已经看了这么久，再看一个下午就做不了什么作业，必须去做一下。"小华说："哼！哼！哼！你就那么爱做作业。"哎！我心想：做人怎么那么难啊！我该怎么做啊！哎，老妈。您说我在这应该表现得更积极，这样别人下次才会欢迎我的到来啊！哎！可是……生活为什么总是那么不尽如人意啊！哎！哎！哎！

8月21日　星期二　晴

　　今天，我发现运动是不容忽视的。生命在于运动啊！这是不会错的。以前在家里，这不做、那不做，觉得十分疲惫，而到这里，似乎相反了。

　　在这里并没有实施我预期的学习计划，因为要顾及每个人的感受有太多不便，这也让我体验到了在家的方便与自由。但就是这些不便，让我体验到了"家务活"的快乐，其实也不能说是"家务活"啦！只不过是自力更生而已。

　　在这里，每天早上吃完饭后，我要做作业到10点多，然后到11点差不多就吃饭了，吃完后休息下，下午2—3点又开始学习到4:40左右，然后去游泳、打乒乓球等，7:30到家吃晚饭（吃完把自己的碗筷洗掉），休息下，洗澡、洗自己的脏衣服，再看一会儿电视，就去睡。这种生活似乎没什么新意与与众不同的特殊活动，但这种生活，我觉得轻松自在，身心感觉不错，总比我在家时精神，这与在家只是一个自理不同而已。这说明了这些自理活动对我十分有益，使我身心健康，所以我会坚持做下去的，这样，我会生活得更加快乐、自在的。

这些天，一切十分好，心情舒畅，相信我能坚持下去的。

国庆放假，孩子说她该给教授爷爷写点东西（现附上）。

教授爷爷：

您好！

我很早就想给您回复，可每次又不知从何说起。

光阴易逝，岂容我待！仿佛昨日我还带着微笑走进这学校，想到马上就要离开了，心里还莫名地有了一丝忧伤。这让我深刻体验到了"天下无不散之筵席"。不过此时的我，更多的是对如何在中考取得优异成绩的担心。

一个暑假觉得自己玩得太猛了点。虽然也补了一个月的课，可一想到自己是初三的学生了，又有了对自己的一丝责备。开学了，决定全身心读书的我开始有了史无前例的用功。可在空闲时还是认为自己能够去轻松一下，但最后还是用理智告诉自己不可以。以我以前的观念看起来，这的确很苦：放学就冲进自己的房里，认真地做作业，有时甚至连吃饭也匆匆忙忙。但经过一个星期的坚持后，我觉得学习其实还是蛮有趣的。所以现在的我，尽量不让自己有空闲时间去瞎想。

其实，我每天早起读书要零花钱，并不像我妈说的那样。每天早起读书，对我这个不喜欢文科的人来说是一件很困难的事。因为我认为像数学、物理、化学这种学科，也只有多做才能好，再加上我对数学、物理、化学固有的喜欢，所以每天早上要起来读英语和语文，对于我来说很难。我于是用"如果我起来读书就有零花钱"这样的想法来激励自己，让自己能坚持下去。（呵，我很聪明吧！）

　　老师说："学习是很苦，但先苦后甜嘛！"其实，我一直不认为学习是一件多么苦的事情。每天可以和同学一起上课，一起思考，一起讨论，也是人生一大乐事。尤其是当你绞尽脑汁想出来的时候，那么那道题将是刻骨铭心的。但这种学习的狂热精神，总是像一阵风一样，一眨眼就过去了。我就是缺少了一颗持之以恒的心。我的毛病自己都知道，也十分地想改正，但这就像习惯一样，在不知不觉中又重演了一次又一次。我还有很多让自己左右为难的心理，每当新的一天又开始的时候，有一股劲儿，开开心心地给自己布置好了今天的学习任务。做到下午时，听见有同学来找我玩，这时我又想在家把作业认认真真地完成，并做好自己布置的所有作业，可又有另一个自己跑出来说：可以了，你已经很好了，可以去玩了。再说还有明天！这总使自己很烦恼，不知道如何选择。

　　爷爷，想必您以前也有和我一样的烦恼吧，那您又是如何解决的呢？

　　期待您的回信。

　　此致

礼！

慧浚
2007年10月6日

　　教授，希望得到您的指导！

慧灵
2007年10月7日

家长朋友：

　　我和您一样感到安慰，但还没有感到惊喜，因为我深信孩子会天天向上，这是水到渠成的事情。当然会有曲折（尤其是在这个复杂的时代），但我相信决不会"心灯吹灭"。

　　我想初三应该有一个倒计时的安排了，不过具体要多听听老师的意见，老师的经验非常宝贵。

　　我希望初三还是要重视科学安排，打好学业基础，保证身体健康，不要过于计较第几名。

还有些话写在给孩子的信里了，不再重复，但也想听听您的意见。

日记中提到的人际关系，也是学生常常苦恼的事情。如果目前没有遇到问题，也可以初三毕业后再看。下面附上《"同学之间合作"的九个怎么办？》。

您的朋友 冉乃彦

2007年10月9日

慧浚同学：

我接到你的信特别高兴，因为我羡慕年轻人，喜欢年轻人的朝气蓬勃、纯真坦率和奇思妙想。尤其是你妈妈提到你想当哲学家，更让我高兴。因为我也十分喜欢哲学，我对于探索宇宙和人生基本规律极其感兴趣。

你对"天下无不散之筵席"的体验，就证明你已经在用哲理思考问题了。你对学习苦不苦的看法，也是很辩证的。尤其是你的看法是来自自己的亲身体验，更是不简单。

对自己不满意，正是说明一个人在发展，想上进。我同样对自己不满意，有烦恼，尤其是在中学时代。我知道许多中学生也都对自己的意志力不满意，的确，人生最困难的事情是战胜自己。

我在中学时为了锻炼意志，和其他同学一样，用一周时间苦苦思考，最终解开一道几何题，尝到了甜头；初一时也曾经任性地非要住校，让母亲一人孤单地生活（这次锻炼由于一次生病而宣告失败）。

慢慢我明白了，一是意志力和人生目的相联系，"伟大的毅力是由于伟大的目的而产生的"，此话说得对。随着对人生目的理解越深，意志力会越强；二是也需要锻炼。锻炼就是实际做。比如吃瓜子，如果老下决心下一个瓜子不吃，往往管不住自己，必须是把吃在嘴里的吐出来，拿在手里的扔掉，才能管住自己。

不过，不需要处处讲毅力，绷得太紧。大事情讲毅力，小事情放松点，这也是需要辩证看的。另外，我觉得你实际很喜欢文科，只不过你自己不知道，或者你对文科理解的可能比较窄。我的看法不一定对，很愿意和你们全家交流。

您的朋友 冉乃彦

2007年10月9日

相关链接

"同学之间合作"的九个怎么办?

1. 我没有朋友怎么办?

朋友的友谊对孩子来说非常重要。可以说，小时候如果没有朋友，成长中很难理解友谊的可贵，长大了就不懂得爱情，工作后就不善于合作，人生就不能成功。

有的孩子没有朋友，是因为胆小或自己有自卑心，他在和别人接触之前，先想的是我自己不成，担心别人是否看得起我，总在想："万一他要是不理我，那我多丢面子……"

对这样的孩子，就要从小培养他的自信心，理解"天生我材必有用"的道理。人和人本来都是一样的，后来的发展，就要看自己的决心和努力了，不要有"我天生就不是这块料"的想法。同时，成人还要善于帮助他找到自己独特的长处，尝试着去做，先获得一些小的成功，树立起初步的信心。

尤其要鼓励孩子，勇敢地迈出主动交往的第一步，克服总是走不出"由想到做"的关键性的那一步，只要把可能出现的各种情况，大致都估计到了，并有了对应的方法，就不要在做之前，过多地想如果失败了怎么下台。不然，顾虑重重的结果必将导致与人交往时的"临门一脚"总也踢不出去。要鼓励孩子，既然要做21世纪的雄鹰，就要及早练习飞翔。

有的孩子是有了朋友，后来又失掉了。是什么原因呢?

一种是缺乏忠诚。友谊的本质特点是相互信任和无私付出。罗曼·罗兰说过："朋友看朋友是透明的，他们彼此交换着生命；而怯懦的人，会把朋友送给刽子手。"两个自私的人之间没有友谊，只有相互利用，一旦无法利用，关系也就终止。只有真正去关心别人、帮助别人的人，朋友才能越来越多。

一种是自己骄傲。过高估计自己的人，不能尊重别人、平等地对待别人，或是用固定的眼光看待别人，都会使朋友离去。因为真正的友谊是两个有自尊心、有独立人格的人的交往，是两颗心的交融。主仆关系、赏赐关系，都不能得到真正的友谊，这种关系只能是和有求于你的人，维持一种阿谀奉承的虚假关系。

在这里，成人可以学一学托尔斯泰纠正孩子骄傲自满的巧妙方法。

托尔斯泰的女儿托尔斯塔雅在《遥远的回忆》中写道："年轻时，我跟许多和我年龄相仿的人一样，自视过高，目中无人，待人严，对己宽。父亲见此，很不高兴。他决心以自己素有的委婉的方式纠正我的这个毛病。每次当我对人的品评过于轻率和肤浅时，父亲一般总要反问我一句。我说：'这个人真蠢'。父亲若无其事地说：'比你还蠢吗'？"

托尔斯泰虽然没有直接批评女儿的骄傲自满、看不起别人的坏毛病，但是巧妙地让孩子先想一想"自己的蠢"，就更容易发现"自视过高"多么可笑。

还有一种是胸怀狭小。爱计较小是小非的人，也容易失掉朋友，因为你总是让朋友被无休止的鸡毛蒜皮事件纠缠着，他在无法忍受的时候，就只好逃走。改变心胸狭小的状况，必须提高自身的素质。提高素质之后，才能从自己结的"茧"中钻出来，在浩瀚无垠的天际中回首，这才可能发现自己原来的天地是多么的狭小，自己原来是多么可笑。

2．和朋友发生误会怎么办？

孩子如果和别人发生了误会，那是很痛苦的，成人千万不要当作小事，简单从事。成人既不要盲目地同情自己的孩子，去指责对方，也不要武断地说"一个巴掌拍不响"，强制要求自己的孩子去反省。而是首先要尽可能地多了解情况，然后引导孩子学会尽快化解误会。

具体的方法如下：

一是让孩子首先反思自己有没有多疑的毛病。尤其是处在少年期的孩子，不成熟的心理表现为十分敏感，这时极容易多疑。可以给孩子讲讲《人有亡斧者》这个寓言（一个人丢了斧头，这时看见别人的一举一动，都像偷斧头的人；后来，斧头找到了，再看别人，一举一动，都不像偷斧头的人了）。让孩子看看，自己是不是也是一个"亡斧者"？

二是要鼓励孩子主动说出真心话，以真诚去化解误解。如果是自尊心过度作怪，自己拿着架子，不主动去和解，把想法深藏在心里，就有可能变成更大的误解。

三是要学会设身处地为对方着想。如果一味地站在自己的角度看问题，会离真实情况越来越远。比如，两人约定在胡同口集合，一起去上学。其中一方，因家中有重要事情，来晚了，这时迟到者就应"换位思考"，站在对方角度，理解等人者的焦急心情；而等人者也要站在迟到者的角度，理解他左右为难的实际情况，这样就不容易发生误会了。

四是要学会谅解别人。如果事实证明了是一方有误造成的误会，既然已经真相大白，就更要互相谅解。一方不要得理不让人，另一方也不要追究你对我有误会的成分和夸大了我错误的程度，而是要共同吸取教训，进一步加深友谊。

3. 别人不理解自己怎么办？

现在的孩子最苦闷的就是认为别人不理解自己。老师不理解他，家长不理解他，连同学也不理解他，甚至说"全世界都不理解我"。遇到这种情况，成人不要急躁，首先要仔细想一想，成人自己是否有不理解孩子的地方，可以诚恳地请孩子敞开心扉说出来，必要时加以充分解释；更重要的是要从下述几个方面启发孩子。

（1）每一个人的心理都在不断发展，千变万化，你新产生的心理现象，别人不理解，这种情况极容易产生。这时自己不要难过，也要理解别人的难处，要耐心等待别人慢慢理解。也就是"先理解别人，再争取别人的理解"。

（2）要主动创造条件，让别人理解自己。自己有了新的想法，特别是变化很大的心理活动，更要主动向别人诉说。如果是比较复杂的事物，还要注意有层次、有步骤地按照别人理解的习惯来表述自己的想法，就比较容易得到别人的理解。

（3）要承认自己的想法也有不成熟的甚至不恰当的地方，这时别人不理解是正常现象。比如，集体千辛万苦地组织了一次野营，刚到目的地，一个同学就为了一点小事喊着要回家，这种不近情理的表现，别人往往不理解。这时他自己就应首先反思自己不对的地方，要对自己幼稚的行动感到内疚，而不是去埋怨别人对自己的不理解。

（4）要明白"理解"并不等于"支持"。比如，有个同学考试作弊，受到了别人的批评。他就委屈地说，"你们不理解我"。但同学们说得好："我们理解你，你是由于偶尔没复习好，又怕考不好会挨家长的打，一时糊涂才作弊的，你当然不是坏学生。但是我们虽然理解你的内心想法，但不能支持你作弊，因为这种不诚实的行为，如果不坚决制止，会害你一辈子呀！"

4．对那些爱拍马屁的人怎么办?

我们的社会虽然越来越美好，但是落后、阴暗的东西不可能很快绝迹。腐败和拍马好像是双胞胎，有人想坐轿，就有人去抬轿。这种不道德的思想和行为既然在社会上存在，自然也会传递到孩子们当中去，出现有的欣赏、有的模仿、有的迷惘、有的反对的状况。所以就提出了这个"对那些爱拍马屁的人怎么办？"的问题。

首先，要区别真诚的赞美、支持和奉承、拍马的本质区别。第一个区别是目的。奉承、拍马的目的是为私利，为个人偷偷得到好处；而赞美、支持不是为个人，而是为集体、为大家、为他人。第二个区别是内容。奉承、拍马的内容往往夸大其词，甚至胡编乱造，以达到其不可告人的目的；而赞美、支持的内容根据客观实际，实事求是，既不夸大也不缩小。第三个区别是方法。奉承、拍马的方法是不择手段、低三下四，有时竟然出卖自己的人格；而赞美、支持是采取科学的调查研究的方法，对事不对人，表达着真情实意。

有了这三个区别，我们就会发现，有的同学出于对班主任工作的支持、肯定，说了些表扬的话，即使有的话不太准确，不能武断地说人家是奉承、拍马。

对于真正有奉承、拍马这种不良思想和行为的人，我们的态度应该是：

（1）坚持正确的态度和做法，不要因为有人对班主任奉承、拍马，我们一生气，就连对班主任工作该赞美和支持的也不做了。或者是在一边偷偷生气，这种于事无补的做法也不可取。应该是"魔高一尺，道高一丈"，用正确的做法去压倒错误的做法，用正义凛然的态度去扫荡猥琐阴暗的氛围。

（2）以诚恳的态度，教育有奉承、拍马这种不良思想和行为的人。向他指出这种做法对自己的危害性：虽然暂时也许能够得到一些小利，但是长远会丢失自己的人格；同时这种做法必然引起大多数善良人的愤恨；而且被拍的人如果是正派的人，拍马的结果肯定会被"踢一脚"，如果遇到不正派的人，他欢迎你拍马，其结果是同流合污，成为一丘之貉，前途并不美妙。

5．对那些合不来的人怎样相处？

孩子将来早晚要到社会上去，要和各式各样的人打交道，尤其要学会和合不来的人相处、合作。对于这个问题，家长不要笼统地说要讲团结，而是要给予具体的指导。

建议孩子：

第一，要找出不好相处的原因，然后用一把钥匙开一把锁。对于孤僻的同学，要慢慢了解他是由于天生的气质特点的影响，还是受到过挫折？了解原因之后，要主动去和他接近，找他谈心，选择他爱谈的话题，交谈时一定要有耐心，避免简单粗暴。

可以邀请他参加一些集体活动。在诱导他多参与集体的工作和活动时，态度要始终诚恳热情。

第二，要采取求大同、存小异的态度。不能要求全班同学，没有区别地一样亲密。有的接近多一些，有的相对少一些。对于合不来的同学，要争取有不同程度的合作。孔子说："君子和而不同。"合作的时候，并不是要求所有的人做得完全一样，而是合作中照顾个性。如自愿参加的活动，就不一定非动员他参加；而比较有趣的活动，则应该优先让他参加。

第三，在任何情况下都要以尊重的态度对待这个同学。这样的同学一般都有些与众不同的行为习惯，只要这些行为习惯不违反集体的纪律，也不影响别人，我们就应尊重，更不能用起外号、恶作剧的方式来取笑他们。有时甚至需要注意，这些同学是否有他们正确的一方面，只是在大家尚未理解的时候，才变得与人合不来。这就要求我们要真正地虚心去向他请教，听取他的合理意见，哪怕是一部分正确。只有这样，全班才能紧密团结，使每一个人都能心情愉快地，现在为集体，将来为国家做贡献。

6. 有人散布我的流言蜚语怎么办？

流言蜚语世世代代从未绝迹，因为总有些人热衷于低级趣味。所以不要幻想流言蜚语自动消灭，而是立足于自己的正确对待。我们祖先的经验概括为一句话——"谣言止于智者"。

所以对抗流言蜚语的方法，就是家长帮助孩子成为"智者"。所谓智者，就是善于使用下面三个对策。

一是教育孩子对流言蜚语采取不理睬、若无其事的态度。因为你如果气急败坏，把重要的事情放下不管，大哭大闹"报仇"，大喊大叫"冤枉"，这正中了他们的"奸计"。因此为了不让谣言制造者达到看"耍猴"的目的，我们反而要采取从容不迫、不理睬、若无其事的态度。

二是在必要时做些解释，如果问题严重，也要进行必要的批评和斗争。因为散布流言蜚语是一个很不好的行为，有这种毛病的人，应该帮他改一改。但是一定要与人为善，讲究方法。尤其要区别开有恶意动机的人和头脑简单、乱开玩笑的人。

三是要把力量主要放在建设班集体上，因为班集体风气正了，大家就会识破谣言，杜绝谣言。例如，在班上，有个别人总是捕风捉影，故意制造谁和谁谈恋爱了的流言蜚语，搞得大家人人自危，生怕自己某些举动被人说成谈恋爱，于是干脆对异性同学尽量远离，造成班集体涣散。其实，问题出在那些受到黄色思想影响而制造谣言的人。只有班集体风气正，就能够立刻识破谣言，杜绝谣言，批评教育造谣者，而不是被谣言牵着鼻子走。

7. 别人看不起自己怎么办?

每一个人都有自尊心，都希望别人喜欢自己，甚至佩服自己，当然更不喜欢别人看不起自己。不过，愿望归愿望，事实归事实，社会如此复杂，观点呈现多元，被别人看不起，每个人都在所难免。关键是我们自己怎样正确对待它。

一是要教育自己做到心胸开阔，不要把一些小事情(例如，送给我的贺卡比送给别人的小)当作别人看不起自己的证据。"宰相肚里可撑船"的肚量，也需要从小事练起。

二是要自信、自强。家长也要善于鼓励孩子，不管别人怎样看，自己对自己有一个正确的评价，要自己看得起自己。要客观、全面、发展地看自己。冯巩曾经说自己要"和潘长江比个头，和葛优比头发，和美国总统比说中国话"，就是巧妙地提醒我们，每个人都有优点，也有缺点，"人无完人"。不要怕自己有缺点，关键要善于扬长补短，把自己的各种素质进行最优化的组合。最后是看到发展：万物都在发展，丑小鸭变成白天鹅不仅仅是一个童话，在自信、自强的人那里，无数次地已经成为现实。

其实，有问题的人是那些看不起别人的人。因为他这种态度，正好说明他不仅不能客观、全面、发展地看别人，也不能客观、全面、发展地看自己。我们如果因为别人的错误，自己反而背上思想包袱，难道不可笑吗?

三是要善于把压力变成对自己的动力。许多有成就的人，起初被人看不起，但是他们并不自暴自弃，而是相反，善于把压力变成对自己的动力。这样的例子，古今中外不胜枚举。还有一种情况也值得我们注意，那就是一种新生事物刚刚诞生的时候，往往被人看不起。正像马克思分析的："只要冲破墨守成规的思想罗网。那么遇到的第一件事一定是'抵制'——这是墨守成规的人碰到困惑不解的事物时所用的唯一自卫武器。"

如果别人因为观念落后而看不起你，那你就应该坚定地把正确的事情做下去。

8．对别人看不透怎么办?

孩子们现在都愿意自己早日成熟，希望在复杂的社会中，有一些识别人的能力。当然，这种能力肯定要在长期的实践中，才能逐渐获得，不能急。不过，家长可以把一些基本方法和思路介绍给他们，作为引路石。

在对别人看不透的时候，可以有以下五种对待方法。

（1）先把他当作好人对待，在交往中逐渐观察了解。对于看不透的人，也必须以一种假设来对待他。当作坏人? 还是当作好人? 不了解情况下就把他当作坏人，很容易冤枉人，而且在这种关系下肯定不愉快，也就无法进一步了解。即使通过接触发现他是坏人，再采取相应措施也不晚。而先把他当作好人对待，他受到尊重，就会更加主动地向你袒露心扉，慢慢就能够看透他。

（2）"不知其人视其友。"这是司马迁写的《史记·冯唐列传》中的方法。因为"人以类聚，物以群分"。他经常接近什么人，喜欢和什么人在一起，一般是和他自己的看法相一致的。对他看不透没关系，他的朋友比较多，而且他们之间往往不加掩饰，你了解了他的朋友，这就有助于你看透他本人。不过，即使这样，也要防止自己主观，误解了别人。因为有时你看到的可能是一时的表面现象。

（3）询问是非法。选择一件两人共同经历过、都比较熟悉的事情，听听他对这件事情的看法和对其中人物的评价，就能够知道他对是非、美丑评定的标准，也就在一定程度上能够了解了这个人。

（4）刨根问底法。遇事，对于你想了解的人多向他问几个"为什么？"只有刨根问底地问，才能够知道他的思想深处在想什么，还能够判断出，他现在和你的关系是出于应付，还是真诚相待。

（5）求救、求计法。在自己遇到困难的时候，向他求救、求计。烈火炼真金，患难见真情，这个时候最能够看出他和你的关系是真心，还是口头说说漂亮话。这个关键时刻，通过他的救助和献计，不仅能够了解到他的态度，还能够了解到他处理困难和突发问题的实际能力如何。

9. 怎样才能够向别人学习得更多？

向别人学习，最重要的是要虚心。只有真正有求贤若渴的心情、虚心请教的态度，才能得到别人的愉快帮助。如果一遇到别人，总想炫耀自己无所不知、无所不晓，夸夸其谈的结果，肯定只能是让别人厌烦地离开。

心理学家斯坦纳指出："在哪里说得越少，在哪里听到的就愈多。"这非常符合交往中的辩证关系。例如，仅仅一个小时的座谈会，有六个人参加，一般来说每个人可以说十分钟左右。如果你一人啰唆了半个小时，别人只好三言两语、蜻蜓点水似的说一说，这样必然是"你说得越多，听到的只能越少"，这次会你的收获肯定就很少。

当然这种座谈会自己也不能不说。有的人参加一个座谈会，一开始就表示"我是来学习的，我就不发言了"，以为这可以说明自己很虚心。其实，这样做恰恰弄巧成拙，因为根据你这个观点可以推论——其他发言的人就是来教育别人，不是来学习的。其实并不是这样，真正要学习，就要善于、勇于把自己的情况、思想向别人全盘托出，这样别人才能针对你的情况对症下药，给予帮助。正像学生要想学习进步，必须向老师交作业一样。何况，很多情况需要交流、碰撞，"真理越辩越明"。

和别人交流，又要听，又要说，哪个在前呢？管理学家威尔德曾经说："人际沟通始于聆听，终于回答。"虽然不需要这样死板的规定，但是进行交流的人，都要有首先听别人的愿望，的确非常重要，尤其是作为同学，如果想向别人学习得更多的话，一定要养成虚心听的习惯。

第 19 封 来 往 信

一个生命就这样凋谢了

——对少年需要进行热爱生命的教育

冉教授：

您好！

慧浚读到您的回信，很兴奋，眸子里闪动着明亮的光芒，她说："我都不知道自己喜欢文科。说得也对，英语相对弱势，但我没厌烦过，而且我喜欢看小说、杂志、富含哲理的好文章。"这种兴奋快乐的表情，在我第一次读给她的生日卡片中有过。

女儿初三第一次月考成绩已出来：语文为95分，数学为112分，英语为81分，物理为71分，化学为86分，总分是班上第5名，全年级第20名。拿到英语试卷，她回家就哭了。因为英语拖了后腿，班上前4名英语都是100分以上，她的英语落后了25分。

我说："一条腿跑得过两条腿吗？拐子别想跑过健康人。科科齐头并进，才能锦上添花。早读可以改成晚读，不管怎样学，我认为朗读是不可或缺的一种方法，20分钟朗读时间一定要有。你充耳闻过，也是过过几次，又不了了之……"她的眼泪不断地滚落下来，我见这样，止不住被孩子感染，也哽咽在心头。恰巧她爸爸回来，我们马上平静下来。她爸爸看了成绩依然是三言两语："还好，自己多总结吧。"

晚上，孩子说还要去另一位英语教师那里补课（几个要好的同学都说讲得很好，非常喜欢）。孩子在自己的班主任这儿也补英语，因为同样的内容，不同的老师教，她可以做个比较，迟早可以发现学英语到底是哪个环节出了故障。开家长会时我也和英语教师谈了这件事。"我觉得她英语拉了总分很可惜。这孩子给我的感觉是学英语缺乏自信心，例如，这前六名在我家补课做'奥赛'题，一看很多，就烦躁了，前面做了几道，若是错误率最高的，就马上不想做下去，说我想做基础的。我认为她的基础知识掌握得还可以，做这不会太难，她就是不相信自己。"我听了英语老师的话说："欣慰的是您始终如一地帮她树立自信心。孩子说'老师待我真诚、友好，不知道为什么，我对英语的热情被什么东西掩盖住，不能冒出'。"老师又说："要求她把每次做错的题，整理成错题本，每次都拿来给我批改，可她仅做过一次。"

开学后，孩子真的懂事不少，母女俩之间的"战斗"少了许多，取而代之的是互相亲切的交谈，一起分析、商讨、决策。当然慧浚的玩心也是有的，上周末，她想看《梁祝》，不看完梁山伯与祝英台变成蝶飞出来，就不罢休。教授您讲得好：有时要睁一眼，闭一眼。最后孩子还宽慰我，让我放心："英语会好起来的"。

可是我的心老会蹦出来，安得了吗？我心里明白："凡事顺其自然，遇事处之泰然，得意之时畅然，失意之时坦然，艰辛曲折必然。"但一遇真事，就被环境感染……

如果慧浚在失意时能拿学过的类似于"孟子曰：'舜发于畎亩之中，傅说举于版筑之间，胶鬲举于鱼盐之中，管夷吾举于士，孙叔敖举于海，百里奚举于市。故天将降大任于是人也，必先苦其心志，劳其筋骨，饿其体肤，空乏其身，行拂乱其所为，所以动心忍性，曾益其所不能"等优秀篇章来激励自己，连续地学以致用，用在自己的生活中、行动中，我会更安心些。

以后每次月考"轮动"，班上倒数几名就被换到别的班级，防止不读书的差生扰了上课秩序，在陌生班级出乱概率少点。孩子说："竞争残酷，后面一位很倔的男生，在谁面前都逞强逞能，三年来没见他哭过一次（哪怕教师拿尺子打手），今天，低着头，双手捧着书包，面前的书全被眼泪浸湿了……我知道他是不愿出局的，他刚喜欢上语文教师，刚和教师打过赌，要把本册书上所有要求默写的文章，一字不错地默出来给老师看的，悲哀呀！"我说："60—70个人一个班，又不能分好班，为保证秩序，防止学年结束时不读书的学生干扰，只能出此下策。命运还是掌握在自己手里，不是别人逼你出局，你就会永远出局的。好运是争来的。"晚上放学回来，孩子说："一个同年级的男生于昨天中午在家自缢了，同学当中都传开了。"我听了愕然。

教授朋友，您是长辈，更是良师，不知我的想法、说法、做法是否有不妥之处，很想知道您的意见。

慧灵

2007年11月9日

家长朋友：

这封信最使我震惊的是那个自缢的孩子。不知道他被救活没有？难道一个年轻的生命就这样结束了？我，一个陌生人都从心里感到难过，更不要说他的亲人、朋友和同学了。

世界上最宝贵的是生命，和生命相比，那些分数、等级、面子等是极其渺小、毫无价值的。但是当前的社会舆论，往往给孩子心理极大的压力。据有关调查，我国自杀逐渐低龄化，已经成为我国15—34岁人口的第一死因，约占死亡总人数的26.04％。每年除了发生大学生自杀事件外，我国约有16万名中小学生非正常死亡，相当于每天消失一个班级40多个学生。

另一方面，从学生个人来说，缺乏远大的追求，缺乏自强心，被世俗的错误观点左右，更让人感到悲哀。在当前浮躁的社会心态中，好像实惠、金钱就是人生的一切，其实恰恰相反，人更重要的是追求精神生活。二者的关系当然是，"吃饭是为了活着，但活着不是为了吃饭"。

我想，孩子们慢慢会懂得这些，这样他们的未来才是幸福的。

关于外语学习，的确是十分重要的，全球一体化的时代，不把外语学好，绝对是不明智的。

我初中学的是俄语，近60岁时学英语，我对自己不满意，就当作故事，甚至笑话讲讲吧。

由于我不掌握英语音标，发音不准确，别人觉得像俄语，只能笔译一点东西（曾发表过自己译的三篇英语小文章）；俄语虽然只在初中学了三年，但我喜欢，以后主要是自学，后来发表了我翻译的11篇科研文章。我和一位俄语专业毕业的人合作翻译一本书，结果我竟然翻译了大部分。我的体会是多读、多看、多说。先不要求完全准确。在火车、飞机上遇到俄国人，我就主动迎上去聊天。直到自己实在"黔驴技穷"时，再溜走。

慧浚对英语学习重视，已经想了各种办法。我也出一点参考意见：一是要保有疯狂英语的心态，这是有道理的，不去掉面子，英语就难以学好。我们在小学发现，凡是用演话剧或演木偶剧的方法，学生学外语就学得快，可能就是自己觉得面子被保护起来了。有一个京剧演员英语很差，出国时就用上了他擅长的各种动作，结果基本能够表达了自己的意思，交流得越来越好；音乐家谭盾是对着墙练习英语，进步很快，他是发挥了他善于想象的才能，自己模拟各式各样的情境，大胆说英语，取得了好效果。看来"各村有各村的高招"。

至于慧浚的窍门，还需要听听老师的，然后再找到适合自己的。

您的朋友 冉乃彦

2007年11月20日

我在回信当天就接到慧浚妈妈对自缢少年的结果的回应，事情的结果非常令人难过。她这样告诉我："本不想告诉您那件事，但我觉得太寒心，也太惋惜。15岁的男孩子，身体健健康康，人长得蛮好，走的时候，身上背着上学的书包，将自己的脖子吊在自家的吊扇上。一个中午时间，就和亲人阴阳两世。他的母亲都哭晕几次了，不相信这是自己的孩子呢。这本不该发生的悲剧是不是值得每位做母亲的人反省？"

相关链接
每个人都有一个独特的生命

人们常犯的毛病是"身在福中不知福"，其实更大的悲伤是"身在'活'中不知'活'"。由于自己自然而然地一直在活着，就很少有人设想没有生命时，我将会怎样。等到走到生命尽头的时候，这才发现：原来生命如此珍贵，生命如此可爱，生命如此可敬。但令人遗憾是——为时已晚。

所以，家长、老师要使自己和孩子尽可能早地思考"活着"是怎么回事，了解生命的特点是什么。

天下每一个人的死亡，都不是小事。生命的死亡，是最重大的事啊！世界上最大的不同，应该是"死"与"活"的区别。奶奶对孙子说："你要死了，吃糖就不甜了，就看不见奶奶啦"。这话虽然简单，却也朴实。人死亡之后，不仅不能继续生长，而是变成了一堆物质。对人来说，更重要的是不可能再有任何意识，不仅感觉不到酸甜苦辣，也不能享受亲情、爱情，更不能有理想、追求。总之，对个人来说，是回到茫茫的宇宙，又重新成为大自然的一个组成部分。

有些年幼的孩子愚昧无知，认为死亡是睡觉；还有的孩子，以为生命和灵魂可以分开，死的是躯体，而灵魂可以脱壳而出，获得永生。虽然人类对生命的探索没有止境，目前的认识仍然十分肤浅。但是从目前的研究完全可以肯定，生命是一个整体，身体死亡，思维也就死亡。最重要的是，千万不要由于相信灵魂的存在而轻视自己现实拥有的宝贵生命。

人活百年，终有尽头。生命的可贵正像"物以稀为贵"道理一样，有限的生命，表现在生命的长度是屈指可数的。生命有多长，连10岁的孩子都能感觉到。他已经活了10年，就是活100岁，也不过再活10次10岁罢了。

　　我国东汉时期的政治家、军事家、文学家曹操的名诗《龟虽寿》，以豪迈的气概表达了他对生命可贵的看法：人生虽然有限，但是应该抓紧时间，做更多的事情。

　　神龟虽寿，犹有竟时。腾蛇成雾，终为灰土。老骥伏枥，志在千里。烈士暮年，壮心不已。盈缩之期，不但在天。养怡之福，可得永年。幸甚至哉，歌以永年。

　　生命的有限，还表现为死不能复生。罗曼·罗兰曾经有一个形象的说法："人生不售来回票，一旦动身，绝不能复返"。《太平经》上也有一句清楚的表述："人人得一生，不得重生也"。但是一些迷信的思想，在青少年中流传，也造成自杀者的轻生。比如有人相信，人死后可以在来世托生为其他动物；也有自杀的人，以为"我过20年后又是一条好汉"。带着这些自欺欺人的看法而丢掉可贵生命的人，他们就是后悔也来不及了。

　　世界上人口再多，也没有两个完全相同的人。这不仅因为每个人得到的遗传基因不同，不是"一个模子刻出来的"，更重要的是人有自主性，每个人生下来以后都会有不同的选择，走不同道路，逐渐形成自己的思想、自己的性格、自己的能力，成为世界中有特点、不可重复的"唯一"。生命的独特性还表现在，每一个生命的不可代替性。生命之间是无法比较的，不能说这个生命重要，那个生命不重要。因为每一个生命都是独特的，不仅无法分出高下，而且是谁也代替不了谁。

　　在自杀的青少年中间，有的在遗书中写道："我是个差生……我死了可以帮父母省钱……"这些孩子就是没有弄明白，父母尽管对孩子的学习成绩不满意，但是你作为他们的孩子，你特有的价值是谁也代替不了的，更不是金钱能够相提并论的。孩子是父母的"心头肉""贴心小棉袄"，这绝不是随便说说，而是千百万父母内心深处的声音。

你的生命尽管不完美，但是你在父母心中占据着无法替代的地位。如果轻易抛弃生命，将是父母永远的极其剧烈的伤痛。

我们应该敬畏生命，不仅因为生命经历了34亿年极其艰苦复杂的发展过程；也不仅因为父母养育孩子千辛万苦，还因为生命，尤其是人的生命，它是世界上最奇特、最美丽的东西。因此，不断发展自己生命的价值，不断超越自己，永不停歇，这才是人类生命最本质的特点。

第 20 封 来 往 信

"我"还会进步的

——教育的本质是帮助孩子主动发展

冉教授：

近来好！

日子如流水，一晃两个多月过去了。近两次月考，女儿都不满意，她安慰我说，"还会进步，会回到年级前十名的。"我发现女儿懂事了不少，学习的自觉性、主动性、积极性都在提高。

其实这两次的月考，英语成绩上来了，但物理、化学成绩又下降了，孩子没有掉眼泪，因为她爸爸说："优秀的学生，看到自己的成绩，心如止水，急切关注的是错了哪些地方，要补上；哪些地方还掌握得不够灵活，要强化训练；分数吧，心中早有底……别人不会因为你哭了而更加看得起你，也不会因为哭了就信你下次会考好，流泪、伤心、埋怨都是无益于成绩提高的，行动才能改变结果，只要每个该掌握的知识点全活在心里，就不怕成绩上不去……"

女儿说自己的语文相比其他优生逊色不少，再说他们都在补，自己也去补了（我说这是你的事，你拿捏吧，我不干涉），英语后半个学期进步了一些，女儿特喜欢这位英语老师，我也欣慰许多，女儿终于找到适合自己的老师了。

有行动才会达成结果，一味表决心是无效的。在告诉女儿的同时，我也宽慰自己：做妈妈的心态应该是平和的，感情应该是温暖的。尤其是在面对孩子缺点的时候，特别不能焦躁、情绪紧张，否则会无意中给孩子制造恐惧。肉体和内心的恐惧都会让孩子不踏实、胆怯，老是处在恐惧的阴影之下，孩子的身体、情绪、思维都会受到一定程度的负面影响。我逐渐学着放松自己，明白了要多从孩子的角度出发，留心听孩子说话，听孩子的要求、愿望；不一味地去强求，多肯定、发现她的优点；少指责，让孩子感觉自己被尊重；家庭氛围的底色应该是阳光的、民主的，尽管有时也会有几片阴云。因为生活是多彩的，鼓励和贬抑也应该是并存着的。

我认识到，自己心定，有生活的目标，有生活的热情，孩子自然受到无声的感应。所以我就是认真做好自己手头的事，愈挫愈勇；孩子呢，也努力为她的目标而奋起。做成功一件事从来都不是易事，从不会到会的过程更是个漫长的过程，假如拿登上十层的台阶作为"学会的标准"的话，只要不达到第十层台阶，每一层台阶停下来都是失败！所以，有一句俗话"成功的路上尽是失败者"。他们距离成功有的远，有的近，有的甚至只差半步，但他们停下来了。若女儿学习断断续续，在没有充分学会的时候，学习停止了，这时候，遗忘的因素会很快占到上风，这样，当时认为学会的知识，其实根本就没有掌握，考试的时候考不出来成绩就是自然而然的事情了。不管是学习还是做事，要成功都缺不了信心和坚持这两个必要条件。

我时常提醒自己，高度决定视野，角度改变观念，尺度把握人生。探寻不同的角度，努力行动就有可能获得契机，战胜困境，改变自己的沉淀顽固的错误观念。把握好尺度，讲究艺术方法，同孩子搞好"外交关系"。圣诞节也是孩子14岁的生日，孩子向我要了100元与同学一块庆祝。另外我给她买了一件羊绒衫作为贺礼，她爸爸也特意早早回家烧晚饭，请外公外婆来热闹一下。孩子特别快乐，我写了一封信放在贺礼中。

可爱的慧浚：

可好！

今天是喜庆的日子，因为14年前的今天，你被我们带到了这个家，来到了我和你爸的身边，从此，家里多添了一份人气，也多了一份灵气。今天阳光灿烂，暖洋洋的，好极了，太阳公公也来贺喜呢。现在妈妈正坐在阳台上，细细品味这一年来的点点滴滴，话语就从笔尖流了出来。

孩子，你今年真的进步了，会管理自己的情绪了。

　　首先，你的自我情绪的觉悟让我惊喜。记得那天晚上，你爸要我去筹点钱，我心想："平日大手、风光，落难时仍是先求于爱人，最后找朋友。为什么平日就知道要朋友，不多关照家呢？"心正烦着呢，恰巧你过来，光着脚，手如冰铁，鼻子又堵塞了，还笑着说："把你身上的新袄给我穿穿……"导火线立刻点燃，开炸了，我训斥了你一大堆，发泄自己的坏情绪……后来，见你如"被冰霜打过的小苗"般奄奄一息，我的悲悯心立刻勒住了情绪的野马。见你哽咽着，不断地泣不成声，我心痛万分，就想你说出话来，说出话来，哪怕吐一个字，说一句话，我心也安……最后，你反问我："你老唠叨我爸不好，我是苦根上的苗，都是些伤心事、不好的事，我能不哭吗？我只觉孤单、冷清、害怕……所以我会不断泣不成声。"这两句话让我羞愧不已，如刀刻肺腑。我事先一点儿也没想到，我的情绪给你带来这么大的伤害，让妈妈深长见识。好在我女儿有灵气，能体悟对方的心境，很快就如小精灵般冲出这么恶劣的情绪帷幕，把坏情绪（心魔）驱到九霄云外，洗脸、刷牙，又静坐在桌前学习了。

　　其次，面对成绩的忽上忽下，你少了点或笑或哭的情绪反映。因为情绪躁动不会带给你好成绩，只有笃行才能达成目标。这次考得不好，同学会因为你的伤心、粗心就更看得起你？永远不会的。你要记住，每当自己遇到什么问题的时候，只需要想一个问题，那就是：做什么能够帮助我达到我的目标？然后每天重复做就是了，别的一律不想。

　　宝贝，妈妈想，你有这么好的情绪感知能力，在生活、学习中一定会好好处理自己的好情绪与坏情绪，做个情绪转换的高手，幸福、健康会陪伴你。

　　孩子，你开始觉悟了，开始自省了，这两点让妈妈感到你更可亲了。

你的外表谦恭，内心坚定。晨起打电话，声音温和，语调愉悦亲切，有礼称呼，我像在听一首歌，让人心怡。所以，每次生日，你的人气指数都高。

人缘好的最重要原因是什么？你随缘又坚定。内心的坚定不动摇，自信心的不断增长，散发出了光辉，这才是源头之水呀，孩子。

妈妈要提醒你：一定要相信自己，一个人不相信自己的时候，谁也不会帮他，因为做了扶不起的"阿斗"，误了孔明的一世英明。谁又是"阿斗"呢？这里的"阿斗"可不是刘备的儿子。这里指的是"自己不相信自己的那颗心"。女儿，你正走在求学修行的路上，一定要坚定自己的信念方向，求智慧于心田。真诚付出，定能取到"真经"。

生活中，你也在检点自己，我发现近来你爱整洁了，学习桌面始终保持整洁，这个好习惯应该终生坚持。原来桌面一大堆杂乱书本，走进你的屋就让人感觉到乱糟糟、脏兮兮的，有做不完的事……现在不同，走进你的屋子，一尘不染，甚是宁静……那桌子无形中有股吸引力，令你喜欢坐下，凝思、玄想……

当然，你也有不足之处，自己明白就行。

女儿，青少年时期是一生中最宝贵的一段人生历程，在求学求智、求觉悟的修行路上，除应具备坚定的自信心外，还要善始善终，要有画句号的好习惯，要有愈挫愈勇的心理耐力。总之，把心安驻在此刻。功夫得力处，安驻当下。做好当前该做好的事。

人生最好的境界是丰富之后的安静。安静，是因为摆脱了外界浮躁的诱惑；丰富，是因为拥有了内在精神世界的宝藏。

最后，祝愿女儿快乐，天天进步！

爱你的妈妈

2007年12月31日

教授，您觉得我这样做如何？

慧灵

2007年12月31日

家长朋友：

您好！

看到孩子的健康发展，真是让人高兴。在这浮躁的社会氛围下，我比较关注的，一是孩子的人生动力；二是孩子全面和谐地发展。当然这是长远的目标，这些目标是融入日常的各式各样的生活中。虽然不可避免，因为有些生活是烦琐的，有些甚至是令人不愉快的，但是有了目标，对现实的各种现象，甚至是严重的问题，也会产生另一种积极看法，这可能也是您说的"高度决定视野"吧。

比如考试成绩，我觉得她爸爸讲得好，关键是透过现象看本质的态度，使自己不成为考试的奴隶，而是把考试拿来为自己的成长、发展所用。

孩子的健康发展，表现在你信中所说："我发现女儿懂事了不少，学习的自觉性、主动性、积极性都在提高。"我认为这是最重要的"信号"，这是真正的进步、有价值的进步。

这种进步，在家庭中，来源于你们两位家长的作用。您的一段话说明，您通过实践有了深刻的体会——"做妈妈的心态应该是平和的，感情应该是温暖的。尤其是在面对孩子缺点的时候，特别不能焦躁、情绪紧张，否则会无意中给孩子制造恐惧。肉体和内心的恐惧都会让孩子不踏实、胆怯，老是处在恐惧的阴影之下，孩子的身体、情绪、思维都会受到一定程度的负面影响。……我逐渐学着放松自己，明白了要多从孩子的角度出发，留心听孩子说话，听孩子的要求、愿望；不一味地去强求，多肯定、发现她的优点；少指责，让孩子感觉自己被尊重；家庭氛围的底色应该是阳光的、民主的，尽管有时也会有几片阴云。因为生活是多彩的，鼓励和贬抑也应该是并存着的。"

这些话，对我们每一个人，说起来容易，做起来却很不容易。我相信，您是经历了反复行动、思考、甚至情感的痛苦挣扎之后，得出的真实看法。

您作为家长，已经能够对孩子有特点的内心世界给予理解；对萌芽状态的进步给予赞赏；用高瞻远瞩的理念进行心灵的召唤；用艺术的方法在行为上具体引导，可喜可贺。

当前教育的问题很多，有些人甚至已经丧失信心。当流行的理论没有效果的时候，人们自然去寻求新的理论。最近，广东省郭思乐的"生本教育"理论通过10年的实验逐渐显示了它的生命力。这个理论并不复杂，简单说就是：教育的本质应该是成人帮助孩子主动发展。其实它完全符合毛泽东阐述的"内因是根据，外因是条件，外因通过内因而起作用"原理。可是我们现在做得相反，把外因当作根本，看不到内因，学生、家长和老师都痛苦，都在"费力不讨好"。生本教育正在逐步向全国传播，在家庭教育中同样有用。有时间还可以去郭思乐的博客看看（在百度上敲"郭思乐腾讯博客"即可进入），一定会得到启发。

您提到"生活是多彩的，鼓励和贬抑也应该是并存着的"，我感到很有意思，下次信很想知道您的具体做法、想法。

您的朋友 冉乃彦
2008年1月25日

相关链接

父母如何保持一致性？

一致性是教育的重要原则，要改变前后脱节、家庭内部相互矛盾的现象，才能真正使孩子的良好习惯稳定地向前发展。因此，我们建议父母：

（1）尊重配偶以及配偶与孩子之间的亲密关系。家庭是一个合作的利益共同体，夫妻一方不要因为孩子与另一方关系亲密，就排斥、反感，或者互相争夺孩子的情感。当双方有不同意见时，要坦然对待，同时要明确告诉对方，您很尊重他（她），对于他（她）同孩子的亲密关系，您也很欣赏，很赞同。

（2）双方意见不同时，不追究谁对谁错，而要一起探讨双方不同意见的各自价值，并一起寻找更有价值的方法。

（3）不在孩子面前说另一方的坏话。要多告诉孩子另一方对家庭的贡献，以及对孩子的爱。如果您对另一方有意见，尽可能不在孩子面前抱怨，更不要请孩子评判谁对谁错。

（4）增加沟通的机会，不要让孩子成为双方的传话筒。如果孩子在一方面前表示对另外一方的不满，不妨召开一个家庭会议，大家一起讨论。或者，在一个愉快的日子里，全家一起探讨一些相关问题。总之，应该让孩子感受到夫妻双方情感上的联结，而不是互相排斥。

（孙宏艳/文，摘自《对话——家庭教育高端访谈实录》）

 小知识

生本教育

生本教育，就是以一切为了学生，高度尊重学生，全面依靠学生为宗旨的教育。由广东省教育科学研究所所长、华南师范大学教育科学学院副院长、博士生导师郭思乐教授提出。它是真正以学生为主人的，为学生好学而设计的教育。生本教育的深层意义，其实就是以生命为本。其关注和弘扬的理念是：人具有发展的无限可能性，教育应充分发挥人的潜能；人具有学习的天性，教育的功能要顺应人的天性；人具有发展的需要，人渴望实现自己的价值；尊重、信任和爱是教育成功的秘诀。郭思乐关于生本教育的理论以及他所主持的理论与实践研究成果在社会上引起了强烈的反响。

网络点评

教授，谢谢您！看此文后，不知为什么总想说：世上只有教不会学生的老师，没有学不会的学生。这也是学生在教太极拳学员时的亲身感悟和体会，也是对学员的承诺。请教教授：您觉得我的说法是否正确？

——舒心港湾(网名)

总体来说，是这样的，但是，事物是复杂的，教育也不是万能的呀！当然肯定是极个别的，我们老师不能用"教育也不是万能的"放弃自己的责任。您同意吗？

——冉乃彦

做妈妈的再一次证明，内因是发展的根据。教授啊，如何让孩子具备这个内因呢？孩子自己认识到知识的重要性、自己要成为具有掌握知识的人？曾经的失败让自己明白以往的认识和方法是欠妥的。如何让孩子具备优秀学生的认识呢？可能家长首当其冲的是要正向影响他。

——好好(网名)

只要孩子骨子里有自尊心、上进心、责任感，热爱自己的生命，不怕打击，忙碌又开心，家长就该欣慰。切忌，不要被应试教育压榨成"考试机器"。

——冉乃彦

孩子这样努力对不对

——不要被应试教育压榨成"考试机器"

冉教授：

您好！

一开学就忙起来，老师和初三毕业班都紧张起来，因为要赶在3月底结束所有必考新课，只有加班了。孩子周六要上全天课，周日至周五每天上晚自习，也是上新课，然后半月左右模拟考一次，回家就是吃饭，稍休息一会儿，不做作业就是上学去，说话聊天的时间都挤掉了。

这两次月考都不理想，我一看她回家的表情就全知道。我随后跟进她的卧室问情况，孩子又落泪了，一边说："老师布置的作业我都做了，而且还做了课外的，为什么成绩就上不去呢？别人不做作业都比我考得好。我可以说够努力了，玩的时间都取消了，等我成绩冲上去，大家都要散伙了，真是急死了。"我安慰道："几次没考好没有什么关系，妈妈仍看好你，把卷子好好分析一下，错得多，说明理解错误或理解肤浅的地方多，查出来，补上去，上升的空间就大，退步是为了更好地向前！"孩子很快就镇定下来，又投入到学习中去。

教授朋友，在这关键时刻，我唯一能做的是一日三餐的准时、营养、可口，然后心理上给予支持和理解。跟孩子之间的"战争"已成为历史。就觉得孩子在忙，我在忙，大家在忙。

一天中午，她爸爸正在看体育节目，吃中午饭时孩子把体育节目换成电视剧，我看到又是"小燕子、紫薇、琴格格"，我心想，现在义务教育太落后：首先，实验教学非常落后，物理、化学实验极少做，全是老师口说，少量做点演示实验（学校可怜，没器材），实验科学都是从实验中提炼出来的定律、定理，不动手，单靠听课、做题去理解，要付出的代价有多高啊！其次，所谓的"一切为了孩子""生命安全第一"到底对孩子又有多大受益呢？除了上课还是上课，成绩好的、能够吸收知识雨露的正在茁壮成长，大部分就在消磨时光……孩子吃饭时偶儿看一看，就一眼睁一眼闭。

　　我总是提醒自己，同时鼓励孩子：复杂的事，还是要简单地做；简单的事还要认真地做；该认真做的事，还必须重复地做；该重复做的事，又要想花招，创新地做。另外，我也安慰自己：取法其上，得乎其中；取法其中，得乎其下；取法其下，一无所得。只要孩子骨子里有自尊心、上进心、责任感，热爱自己的生命，不怕打击，忙碌又开心，家长就该欣慰。

　　女儿告诉我，犹太人特喜爱阅读，每个家庭都有一间书房，还有一个风俗："读破了的不能再用的书，会让孩子将书涂上蜂蜜，放在一个小盒子里，埋藏在土里。意思是精读过的经典图书，会滋养你的心灵，将会给你的生活带来无限的甜蜜。"我说："意味深长！如果取消了中考、高考，我们的生活中也不能缺少读书。"女儿会意地笑了……

慧灵
2008年4月1日

家长朋友：

　　在这关键时刻，家长真是不容易。多少家长在盲目地着急，而您能够冷静地思考："只要孩子骨子里有自尊心、上进心、责任感，热爱自己的生命，不怕打击，忙碌又开心，家长就该欣慰。"孩子努力了，就可以了，千万不要再施加压力。

　　培养一个孩子是百年大计，的确不能随波逐流，只看眼前。我想人类和我们个人，无非是做两件事——追求真理和创造价值。追求真理最终还是为了创造价值，创造人类和个人的幸福生活。全人类为了做这两件事所经历的道路是曲折的，个人要做这两件事，同样也不会一帆风顺。但是，这就是生活，方向不能含糊。

　　当前，诱惑很多，它诱导我们远离崇高的东西，这样早晚要为此付出代价的。孩子在这个时候讲了"犹太人特喜爱阅读……将书涂上蜂蜜……意思是精读过的经典图书，会滋养你的心灵，将会给你的生活带来无限的甜蜜。"这让我感到她的内心世界还是很丰富的，没有被压榨成"考试机器"。您说得"意味深长"！的确如此，不止对你们一家，而是对大家，对社会，同样是"意味深长"啊！

您的朋友 冉乃彦
2008年4月2日

➤ 相关链接

第十名现象

杭州市天长小学的周武老师是天长小学多年的班主任。1989年，他开始了一项关于该校小学毕业生成长经历的跟踪调查。十年的调查中他发现了这样的规律：在实行百分制的情况下，在小学期间前几名的"尖子"在升入初中、高中、大学（乃至工作之后）有相当一部分会"淡出"优秀行列，而许多名列第十名左右的学生在后来的学习和工作中竟很出人意料地表现出色。周武将这一现象称为"第十名现象"。

通过对两届151名学生的跟踪调查，他发现不少学生从小学到初中、再到高中以至考大学的过程是一个变化的过程。在这种变化中，周武注意到：在小学期间的一些尖子生在这个过程中随着年级的升高而出现了学科成绩名次后移的现象，在小学时主科成绩在班级前五名而进入中学后位次后移的占43％；相反，小学时排在7—15名的学生在进入初中、高中后却有相当一部分位次前移，这个比例竟占81.2％。在后几届的学生中，周武在跟踪调查中竟也同样地发现了这一现象。

在总结的过程中，周武曾将调查对象分成多个组别。如各个阶段中前3名为一组，4—10名为一组，11—20名为一组，21名以后为一组；再如将前5名为一组，6—15名为一组……

但是不论怎么分组，位于尖子生组的名次稳定性都是较差的，而名次位于第十名左右的却在后来的学习中，显示了当初意想不到的潜力，而且有相当一部分后来一跃成了尖子生。

在以后几年的调查中，这一现象竟如出一辙！

周武没有想到，对从87届到97届的700多名天长小学毕业生的跟踪调查，这一现象竟谜一样地贯穿始终。

看来，第十名左右的小学生在今后的成长中有着难以预想的潜能和创造力，而这种潜能和创造力也必然会影响到他们将来各自的社会实践……

让孩子的成绩在班级里争占前三名（或五名），是许多小学生家长的热切希望。他们总以为只有这样将来孩子才能考上大学，才能有出息。事实上，好多尖子生到了中学后却很难保住这个名次。

为什么呢？周武在充分跟踪调查的基础上发现：在过去，学校的老师和家长往往很单纯地用语文、数学成绩给孩子们拉榜排名，以便知道每一个学生在班里所占的名次。而家长们则督促、强迫孩子挤进"前三名"或"前五名"，搞得他们压力很大。这使他们在培养兴趣爱好、拓宽知识面、发展个性等方面受到了很大的制约，反而束缚了他们智力的发展。又因为他们都是听话的"好孩子"，一些好的个性也会被束缚。另外，老师们"抓两头，带中间"的教学方法，使这些尖子生在学习上很容易得到老师的"关照"，从而削弱了他们在学习上的独立性。因此后来就不适应中学相对较为"松散"的教学方法。这是他们当中的一些人"淡出"优秀行列的主要原因。

与此相反的是，第十名左右的学生虽然成绩不是优秀的，但是他们大都比较活泼，灵活性强，学得较为轻松，兴趣广泛，老师不大注意这些学生，因此其学习的独立能力较强，有很大的潜力。另外，这些学生没有保住"前三名"的心理压力，使他们在健康的心态中学习。这是他们有"后劲"，进步和成才概率较高的主要原因。

周武认为"这种尖子生与'第十名'的差别，实际上就是用10分力气得了9分收获与用5分力气得了8分收获的差别。相比之下，后者分数低，但论潜力和能力，自然要胜过前者……"

　　周武老师经过十年的调查研究所得出的"第十名现象"，很快得到了浙江省教育界及社会的共鸣。许多人认为"第十名现象"不仅触及了老师、家长和孩子们在认识上的误区，也触及了我们教育上的弊端。那么，什么样的教育是成功的？什么样的孩子是好孩子？我们社会未来的栋梁之才是不是大多数应该出现在今天"好孩子"的群体里？我们不妨把这些疑问留给每一位老师、每一位家长和每一位学生……

（摘自《生活时报》，2011年6月28日）

读高中的孩子更懂事

——家长要掌握高中生思维特点

冉教授：

近来可好！

时光如流水，又流去不少，很想和您叙叙孩子的事了。

我们深切感受到：志当存高远。有个具体的目标，内心就有动力，就会努力去追梦。取法其上，得乎中；取法其中，得乎下；取法其下，一无所得。和您说说孩子中考的文化成绩：语文为85分，数学为107分，英语为99分，物理为86分，化学为80分，历史政治合卷为108分（满分120），总分为565分。小城第1名是632分，孩子是第55名。县城前10名会有4位数的奖学金；相反，若没有考到实验班录取分数线，又想读的，就必须用钱去买分数，差1分，多缴100元。这种现象会让孩子产生错觉，分数就是钱，读书就是赚钱，其实，钱与孩子的成绩无丝毫关系，买了分也长不了知识。好在孩子没有坠入这层地狱，顺利升入实验班。我准备带孩子到附近景点玩一趟，表示庆贺！

您说的"孩子的慧灯一定不会灭！"时时鼓励着我。

孩子的虚荣心、脆弱和敏感，在三年中涤荡了许多，与孩子相处共事也愉悦了许多，这些都是孩子闪光的地方。但孩子身上的暗点也愈发凸显出来，这毛病无时不在、无处不在吞食孩子的成绩，阻碍孩子的进步，抢走孩子的快乐。

我觉得，孩子的学习应该进入主动积极的进攻状态。

孩子的物理老师说，"慧浚和飞儿（孩子姑姑的儿子，化名，曾在我家读初中）是两个不同林子里的鸟。慧浚仅仅是认真完成老师布置的作业，跟上老师的步伐。飞儿不同，上新课之前，问有关问题时，他会第一个举手，新课结束，当场练习，又是他第一个又快又好地做出来。若是上课时，心存疑点仍没有解决，这孩子是我前脚迈出，他后脚跟上，追问个不停，不彻底弄个明白，他不会放过我。可见，这孩子预习环节做得仔细，课前认真阅读课本，做了练习来印证，自己理解，读不懂的知识已记录下来，时刻准备着独立思考或求助老师……故上课吸收得好，稍加复习，就可快速完成练习，省下来的时间、精力拿去攻奥赛题，这样学的知识就得到了进一步的拓展和深化，所以中考物理得100分，不奇怪。"

女儿说："我每次是新书发下来第一周会做预习，像语文会把生字词注音、注意，分段概括大意和中心，拣出优美的语句或语段，最后做练习；数学、物理、化学也会看书，根据定义或已有的知识试着推演定理定律，最后试着做题，记下疑问。但我做了预习，自己会的地方就不想再听；不懂的地方才会竖起耳朵听，老师从不像检查作业那样检查，我就有头无尾。当然，省去预习听起来会迷糊的，只有靠课后拼命练习来弄清晰老师讲的知识点，通过练习来厘清知识网。"难怪我总感觉到孩子做作业环节特别累，被动又吃力！她爸爸说："学习是由四个依次承接又互为渗透的环节组成，即预习—听课—练习—复习。每个环节对学习成绩贡献的分数比率是：15%—35%—20%—30%。听课是中心环节，听课能理解85%的知识点，练习就能轻松完成。要实现这一个理想的做题状态，一定要做充分的课前预习和课后及时复习（尝试回忆，整理笔记）工作。所以说，课本要认真阅读三遍，预习阅读，课后质疑阅读，阶段性复习地贯穿阅读。"我告诉女儿说："你爸是读书过来人，一定要学着点，胜过他。"孩子说："我要改改！"

但孩子的自我管理能力不够，这也让我的心悬着。

她珍惜时间的意识有待强化。

考完了，暂时解放了。条件好的同学去旅游了，孩子向往不已……

这段时间，女儿很懒散，看电视，上网，看小说，睡懒觉，一切都无拘无束，自由散漫。我想，一切该有序，不加什么学习任务，也该养成点好习惯吧。孩子的回答是："大家都在放松，我也一样。"我说："为什么你不能与众不同，规划好自己，趁大家闲时，自己收紧点，闲中有忙；在大家紧张时，你自然放松点，忙中有闲呢？若能如此，学习的步伐就始终是从容有序，学习的效率也会提高的。"孩子说："我没了动力，没有兴趣点，都不好玩！

还没开学呢，那时就没法这样！"看来女儿仍是不开窍，我一时语塞。

孩子心性急躁，有时情绪自我掌握不好。下面摘录我的一段随笔。

傍晚，女儿又不开心了，化学考了67分，与预测的80—90分相差一截，孩子边说边想哭了。"真是急死人，我明明这段时间做了不少化学试卷，且自测都能做到80—90分，怎么月考就60—70分呢？那么经不住考呢？怎么用功还不见成绩？我是认认真真做的呀，还想靠数学、物理、化学往上拉分，泡汤了！"女儿伤心地说。我静静做自己的事。孩子急了："怎么不说话，我化学为什么一大考就不见成绩呢？连老师也说奇怪！""别对我说，问自己或我老师去。"我说。女儿嗔怪道："人家心里烦、难过才告诉你，你还不爱听，下次不把心里的感受说出来了。"我说："妈怕说不好误导你，或是废话浪费你听觉，所以才沉默。请原谅！"女儿转身回到自己房间，没到20分钟又出来了，"我要打听一下全部成绩"，首先问了玩的最要好的同学，对方声音也带点悲伤。"没发挥好，英语预计有105分，却不尽如人意，好难过。"女儿劝道："没什么，胜败乃兵家常事，我的化学一样偏离预期20分，我真急了，近一个月做化学特别多，怎么就不见分数上来呢？我妈说只要我保持努力状态，不必重视分数；这道理我懂，但我们是靠一次分数录取的呀，中考剩20多天，分数还不上去，能不急吗！"女儿又问同学："这次谁第一？又是他，平日静悄悄的，一考就第一！若我能每次都在580—620分徘徊，我会快乐死的。"我催促道："去，去，别唠叨，定下心来，复习功课去。"孩子说："我怎么平静得了，还差40—50分呢？"我分析说："你期望值别太高，纵向看，化学能考70分左右也不错，再努力一把，添5分，也是进步，应该满足、高兴才对。"孩子说："笑话我。""不是，我是真诚的，你仅存一点能量跳到第3个台阶，怎么老想要跳到第6个台阶，这不是给自己增添痛苦吗？若我偶尔能蹦上第4个台阶，我就幸福了，自己对比有了进步，哪怕一点点，也开心。这就是自我慰藉，祛除烦杂心、减轻痛苦的秘方。横向看，能站进优秀者队伍也不错，再加把劲，不就成尖子生吗？事事哪有那么称心，仅求问心无愧！把心摆平，做好手头事，不浪费时间，就活出了价值。分数嘛，可欲不可求，它是知识能力积累、沉淀到了一定火候出来的，是要靠良好的学习习惯锻铸的。它是果，不是因。你要改变结果，首先得不断发掘原因，条件成熟了，功夫到了，满意的分数自然会呈现。素质好，何愁考，错不了！"孩子终于回到自己房间认真学起来……

学习应该注重过程，淡化结果。我不知道孩子什么时候能觉悟，并贯穿到一生一世的学习实践中去。

优秀的孩子，灿烂的未来，学习不是人生的全部，但既然连人生的一部分——学习也无法征服，还能做什么呢？况且学生时代的核心竞争力就是学习。我真诚祈求孩子反省自己，改变自己，在求学的这段人生旅途中充分挖掘出大脑潜力，为走进社会打下坚实的基础。

教授，我总觉得男人管孩子少，沉默较多。我呢，也开始学习静观，少唠叨，好在有您一直引领我进步，我似乎吞下一颗定魂丸，感谢您！

我担心自己看问题浮在表面，或是片面或表达不妥帖，误导孩子，高中三年时间又是如此宝贵，我多想孩子能早点自觉走上轨道，走向理想，做个会学习、会生活的朝阳少女！那时我的心才会放下。又唠叨这么多，不知您的看法如何？（给女儿的信也附上。）

可爱的女儿：

中考成绩下来，妈妈半喜半忧，不知该如何表达情感，故用笔代叙。

回想当初妈妈要你考师范，源于你的成绩不稳，如荡秋千。我说："高中课程更复杂，学习任务也更重，竞争更激烈，你吃得了这份苦，耐得住这份寂寞，撑得住失败的打击吗？"你迟疑了片刻说："我还是想考大学，飞出去，走得更远！"你爸爸说："不强迫，随她。"我只有你一个宝贝，若埋怨妈不肯花钱培养，就误会了我的初衷，只要孩子你坚定信念，妈妈会全力支持你上进的。中考不过是求学征途上的一个小站，应稍作整顿，继续兼程才对。考完至今，真如你说的暂时解放。睡觉、看电视、上网、逛街，等等，随心所欲，无拘无束，这周还发烧了，玩出病来，妈妈口头虽然不急，但是心里看到这么好的时光溜走，好可惜！那天半夜，你头上还烫着，妈妈连忙起床泡药给你喝时，你说："妈妈！对不起，我不该这样。"当时，我心一颤，感觉到女儿又懂事了，知道了确保自己健康是分内之事，不应该让亲人担忧。好孩子，学生时代不仅要好好增长智慧，也要好好长身体。妈妈的辛勤没有白费，能唤醒宝贝的觉悟心，妈妈欣慰无比。

孩子，你有梦想（要考上海财经大学或华东师范大学），你喜欢体验成功的滋味（小学五年级看见别人会骑车，就磨着妈妈给买了一辆，两个中午自己就学会了），你还喜欢探究（把新耳机、新计算器拆了又装），脑子里有了许多问题。记得上次咱俩做一道几何题，我的思路比你快而准，你不甘心，不断地思考为什么自己走这条路就滞塞了，后来终于找出了更多的解题思路，胜过妈妈才罢休。你还告诉妈妈："最喜欢数学老师，当我思考不完整时，数学老师就会巧妙地补充完整，让我不得不佩服老师思维的缜密性"。说实在的，妈妈同样也佩服和欣赏你这种勇于质疑的精神。在这种质疑求索的过程中，能将所学的知识深入下去，不浮在知识的表面，这点正是蕴藏在优秀学生血管里最闪光的品质。

女儿，你喜欢浏览式阅读，如行云流水般，一目十行地读过去，你比妈妈读得快的多，但你留下的只是个故事的情节。对于要精读的书——你的课本，你却缺少埋头苦干的精神。什么是埋头苦干呢？那就是一定要烂熟于心，做到心到、眼到、手到、口到、耳到。

1. 心到

就是要对课本的每章、每节，以及每个例题用心揣摩、苦心剖析，力求获得连续、透彻而清晰的理解。因为认识是一个不断深入的过程。如果仅仅停留在事物的表面现象，而不进行深入的分析，那是无法真正认识事物的。"横看成岭侧成峰，远近高低各不同，不识庐山真面目，只缘身在此山中。""每个人都在以自己的角度看世界，而这个世界存在无数的角度，就像一只蒲公英，每个人的视角就像蒲公英的一丝纤毫，用一丝纤毫的目光观察世界，必然带有极大的偏见，这样一旦遇到能够像蒲公英那样多向度观察的人，他就必然显得微不足道了。"

2. 眼到

就是要认真看，看书识人。说起来很简单，其实"眼到"关键就是练眼力。看书，有人一目十行，且过目不忘；有人困难重重地读下去，还不知所云；有的人仅仅看字面意思，有的人则看到字里行间的深意；有的人读了能纠错矫正，有的人囫囵吞枣。同样的课文，眼力不同的人，看到的绝不一样。据说，曾国藩看人，一眼就能把人的长处、短点，以及今后的前途发展看个八九不离十。同班的同学品性不同、良莠不齐，就看你的识别力，交上好伴，一起学习、互助与竞争！

3. 手到

就是要勤写。写出点东西，特别是写出点好的东西，犹如精心种了一株盆景，可以悦己。光阅读，而不写，就是只吸收而没产出；到底吸收了还是一点儿都没吸收到，有待验证。只有读了之后，写点读后的认识，理解才更明晰，写出之后，脑子里的东西能更有条理，更深刻。所以说："读与写似双胞胎。"宝贝呀，你定要养成勤写的好习惯。可以写看人的优缺点、事情的关键点、自己的灵感或有价值的思想、困惑或疑问，随手记录，以免遗忘，以待备用。曾国藩有终生写随笔的习惯。他的日记就有若干种：有的用来记录反省自己的一天的过错，有的用来记录读书心得，有的用来记录人物的品评……曾国藩从自我修身养性的功夫到识人办事的水准，再到诗文方面的成就，无不得益于这些随笔。

4. 耳到

女儿，老天爷赏赐给了你一副灵敏的耳朵，你就要充分发挥它的功能才对。耳熟能详，耳是用来记忆的。所以妈妈叮嘱你，把精典的美文全下载到mp3上，吃饭时，抹地板时，都可以播放，多听才可培养语感和听力（只要是语言），你仅仅听歌曲，是否太单调呢？特别是英语若听得烂熟，自然可以用笔记下来，一来可储备自己的词汇量；二来可培养听力。我想这应该是个好主意。

5. 口到

女儿，凡是语言学科，都有声音，美文富有音律，朗朗上口。读高中了，要和同学、老师交流思想，辩证真伪，都要用口才。你看央视播音员，个个发音准、口型美、吐字清晰、流畅。难道他们都是天生的吗？肯定不是，一定是磨炼出的真功夫。所以，妈妈要求你每天用口亲近语言15分钟，或清晨或傍晚，自觉养成朗读习惯，日久天长，你自然会爱上它。不信，你试试看，三个月就会生出心动的感觉！

著名教育家乌申斯基有一个精彩的比喻："好习惯是人在神经系统中存放的资本，这个资本会不断地增长，一个人毕生可以享用它的利息。而坏习惯是良心上无法偿还的债务，这种债务能以不断增长的利息折磨人，使你最好的创举失败，并把你引到破产失败的地步。"习惯是一种定型行为。习惯，是一种省时省力的自然动作，是不假思索就自觉地、经常地、反复地去做了，不做就心里痒痒、不舒服地动作。习惯的养成，是学习的结果，是条件反射的建立、巩固，并臻至自动化的结果。习惯具有简单、自然、后天性、可变性、情境性等特点。

女儿，你是高中生了，妈妈盼望你自觉养成好的思维、行为习惯，播种下幸福的种子，你分数多少并不在意。因为读书的目的，是获得自我的更新和自由。比如，你养成良好的行为习惯，看似训练和强化了自己的行为习惯，实际上，人的内心甚至大脑都因此得到了潜力的释放，获得了心灵上的解放与自由。

宝贝，愿你性情如水般宁静又清澈，去浊又自新。孩子，加油！你知道，有些鸟儿是注定不会被关在牢笼里的，它们的每一片羽毛都闪耀着自由的光辉。

爱你的妈妈
2008年7月5日

教授，希望能得到您的指导。

慧灵
2008年7月5日

家长朋友：

孩子的初中阶段结束了，应该说孩子的努力、全家的努力已经初见成效。现在培养孩子不仅难在"只生一个"，自己没有可以借鉴的亲身经验；还难在时代发展太快，全社会的经验往往也不灵了，新的经验只能来自你们这些肯于探索的家长。

有时间可以看看池莉的小说《来吧孩子》，她比你更大胆一些，且已经有了结果。

孩子马上就要上高中了，越加接近真正的成熟。我以为思维的逐渐系统化、理论化是高中生最重要的特点。从世界观、人生观的逐渐形成，到知识的提炼、升华，都具有系统化、理论化的特点。

如何帮助高中的孩子？

一方面，"巧妇难为无米之炊"，孩子需要拥有广博的知识。一个球体，它与外部世界的接触面，远远超过点、线、面。所谓球体的知识结构，就是你说的"手到"得来的。孩子只有在自己的实践中、活动中获得知识，才是立体的，有生命力的。能否让孩子参加一些社会活动？现在整个社会被分数率着跑，对孩子内心也有影响，实在是影响人才的产生。又要有分数，又必须把分数看透。如你所说"素质好，何愁考，错不了"。

另一方面，通过"感悟"的方法，将丰富的积累进行分析、综合，加以提炼、抽象出来（例如把许多社会现象、物理、化学现象上升为理论）。将具体的现象抽象出来之后，再把这些"抽象"放到一个综合的具体事物中（一个真实的整体事物——如抗震救灾、气象预报、兴奋剂检测等）。

飞儿的学习方法确实不错，不仅仅是预习的问题，实际是一种探索精神，是科学学习的好习惯。广义的预习，就是储备各种知识、体验，读万卷书，行万里路。这样上高中课程，通过预习能够使他的原有的知识结构得到提升，对下面的学习期望值也会提高，好处很多。

以上不成熟的想法，是想和你探讨的，想听听你们的意见。

您的朋友 冉乃彦

2008年7月8日

相关链接

对高一学生的学习建议

不少学生升入高中后，总觉得在学习上与初中阶段相比无所适从。面对注重能力的新题型，茫然不知所措，成绩下降，心里恐慌。这就需要刚升入高中的同学适时调整心态，顺利完成从初中到高中的自然过渡，从根本上实现从知识型学习到能力型学习的过渡。

1. 调整角色位置，自我合理定位

在高中学习中，如果还是按照初中的学习方式，以完成作业为主，缺乏主动学习、主动研究的精神，必然会导致学习成绩的下降。

升入高中，同学们面对高考"3＋X"模式对学习能力的要求，就必须在进入高中的初始阶段，尽快调整自己的角色位置，及时具备角色意识，克服学习的依赖性和安于现状的思想，学会主动学习，培养自学能力。

绝大多数学生进入高级中学的目的，均是为了在良好的学习氛围中求得更好的发展，由此都会产生很高的期望值。但在学习中，必须实事求是地分析自己的能力，做到知己知彼。具体来说，要正确地认识自我，合理地要求自我，知道自己的优点与不足，做到成功时不沾沾自喜，失败时也不气馁。同时，面对竞争的环境，既要积极地参与竞争，又要注意能与他人和谐相处。每个人要给自己一个合理的定位，根据原有的水平，确定自己的发展目标，并明确具体步骤分阶段实施。特别需要强调在目标的制订上必须切合自己的实际，不可好高骛远。过去的优等生根据实际要适当降低期望值，不要一律停留在初中的名次标准来要求自己；相对落后的学生更要清醒了解自己入学时在班内所处的位次，要估计自己的可持续发展能力，努力寻求好的发展。

2. 加强自我教育，做到扬长避短

要加强自我教育，在认清自己的基础上，做到扬长避短，努力发挥自己的比较优势，通过参与竞争来表现自己的比较优势，体现出自己的价值。切忌拼命地与他人比较，以己之短比他人之长，看不到自己的优点，越比越感到惭愧；也不必为超越别人而强迫自己做乏味的事，避免效果差，情绪糟。一旦确立自信，以积极的心态投入到竞争中，就能正确对待在学习中碰到的失败与挫折，并能认真总结经验，以高昂的情绪投入到学习中去。

3. 学会自主学习，培养自学能力

因学业成绩不佳而产生焦虑的一个重要原因，就是学习习惯与方法不合理。在进入到高中后，绝大多数同学都加大了用功学习的力度，但在学习方法的选择上，要正视高中阶段课程增多、难度增大的实际，必须适当改进自己的学习方法，不能照搬照抄初中阶段的学习方法。同时转变学习观念，必须完成"要我学"向"我要学"转变。针对各门学科的特点，采取不同的学习方法，注意不同时间的投入。在课堂内要注意搞清难点、疑点，加强课后的复习与整理，自习课或课后必须形成自主学习、独立思考的习惯。在学习中注意学习时间的把握，明确"过犹不及"的道理。在专注于学习的基础上，努力发展自己的兴趣爱好。应注意学习方法的培养，有意识地培养意志力，形成良好的学习习惯。

大家可以根据老师的下列方法，学会自己去向前走：

（1）提前预习课本。如找到重点、疑难，根据课前的"学习重点"提示和课后的"思考练习"进行思考。要养成好的习惯，如不动笔墨不看书。

（2）主动积累基础知识，对每章节中涉及的有关知识点，注意用心积累、用心感悟。对学生来说，要相信只要坚持不懈，就必有收获。

（3）根据具体章节的教学目的，以及老师提出的要点，学生自己试着分析领会课本知识，做到眼到、口到、心到、意到。

（4）练习，特别是思考性较强的练习，是培养自学能力的好方法。可运用比较异同或归类整理的方式学会独立作业，不断提高整体认识和整体把握学习内容的能力。

（5）主动涉猎与学习内容相关的文章来拓宽阅读量，扩展知识内容。如初中学习了朱自清的散文《春》，高中学习了朱自清的《荷塘月色》，那么就可以联系学习或比较性阅读，做到以点带面，触类旁通，广泛涉猎，拓宽阅读面。

因此，从课前预习、知识积累、章节讲读、课后练习，到课外涉猎，在整个课堂学习过程中，要注意把自己引向自我学习、主动探究中。通过反复的实际操作，提高运用工具书的能力、提出问题与解决问题的能力、知识积累与知识储备的能力、分析运用与探究发现的能力，从而全面提高自学的能力，掌握自学方法。

4. 优化学习策略，提高学习效率

在高中阶段的学习中，高中生要尽快找到适合自己的科学学习方法。因为合理的学习方法会让你在学习中游刃有余，轻松自如；反之，则使你疲惫不堪，事倍功半。因此，高中生应经常与家长和老师沟通。在他们的帮助下，经常分析自己的学习习惯和方法，摸索更合理、更科学的方法，确立主攻目标，从而在高一阶段打好基础，更好地实现目标，走向成功。

（1）明确学习目的，制订周密计划。合理的学习计划是推动学生主动学习、克服困难的内在动力。计划要在老师的指导督促下制订，并切实完成。计划中既要有长远打算，又要有短期安排，执行过程中要严格要求自己，并借此磨炼意志。

（2）坚持课前预习，打好学习基础。课前预习不仅能培养自学能力，而且能提高学习新课的兴趣，掌握学习的主动权。预习不能走过场，要讲究质量，力争在课前了解本节课的基本内容。

（3）课堂认真听讲，抓紧基本环节。"学然后知不足"，上课时要着重听老师的讲解思路，把握重点，突破难点，尽可能把问题解决在课堂上。上课听讲时要注意重点、难点，从而理解和掌握基本知识、基本技能的关键环节。

（4）及时复习知识，提高学习效率。通过反复阅读教材，多方面查阅有关资料，就能强化对基本概念及知识体系的理解与记忆，从而将所学的新知识与有关旧知识联系起来，进行分析比较。同时一边复习，一边将复习的成果整理在笔记本上，从而达到对新知识的理解。

（5）独立解决问题，内化学习内容。独立作业的过程就是通过独立思考，灵活地分析问题、解决问题，进一步加深对新知识的理解和对新技能的掌握过程。这一过程也是对学生意志力的考验，所以遇到疑难问题要多方查证，力争独立解决。解决疑难一定要有锲而不舍的精神。对错误的地方要反复思考，并要经常把易错的地方记下来，做适当的重复性练习，把从老师和同学那里获得的知识加以消化，内化为自己的知识。

（6）知识系统小结，做到融会贯通。系统小结是通过积极思考，达到全面、系统、深刻地掌握知识和发展认知能力的重要环节。小结要在系统复习的基础上进行，要以教材为依据，并参照笔记与资料，通过分析、综合、类比、概括，揭示知识间的内在联系，以达到对所学知识的融会贯通。要引导学生经常进行多层次小结，要使学生能对所学知识由"活"到"悟"。

网络点评

　　我的小孩今年也开始上初中了，学习很一般，但有想学好的念头，对他的培养我也一直没有放弃希望，但我觉得学习也是一种互动，我觉得家长与老师的互动不够，我应该怎么做好呢？

——zzl（网名）

　　建议您一般情况下，一两周主动和老师联系一次。一是了解孩子在学校的表现；二是汇报自己在家庭做的教育工作，请老师点评；三是请老师对家长如何配合提出具体要求。用电话即可，通话安排在什么时间要征求老师意见。

——冉乃彦

　　这位妈妈真的很优秀，很了不起，做她的孩子想不优秀都不可能。家长能够关注孩子心灵是否快乐比关注分数更多的时候，孩子就幸福了，你也快乐了！高中的孩子独立性更强了。如果做得好，他会和你形成互动，互相启发，我和我家孩子在读书方面就经常互相推荐自己喜欢的书，也会一起讨论，我从孩子那里学到好多东西。

——千手观音（网名）

　　我的孩子今年刚上初中，学习进步不大，我很着急，今天看了这篇日志，我明白了很多我以前不清楚的问题，谢谢！

——jon（网名）

　　看了这篇真是受益匪浅，解决了我这些日子一直以来的困惑。在女儿的自我反思本里，看到女儿这样写道："我不知道为什么要学习，只是做父母的木偶。"我看到这句话，很是诧异和着急。女儿虽然学习还可以，但可能只是一种应付学习或压力学习，缺乏主动性。看了这篇文章后，我知道怎样去引导、疏导孩子了，真是有种"相见此文恨晚"的感觉。读书的目的是获得自我更新和自由，养成好的思维、行为习惯，好的习惯是人一生的资本……真是感谢有这样好的交流书信，谢谢了！

——心宇（网名）

　　我的女儿刚刚上小学三年级，现在明显感觉到学习很辛苦，都说要让孩子快乐轻松地学习，但是如何才能做到呢？我明显感觉到她对课外的一些兴趣班很感兴趣（比如跳舞、画画、跳绳等），对主要功课的学习由开始的兴趣盎然渐渐变得了然无趣，但是她上课回答问题也是很积极的（也许和她的性格有关系），就是很讨厌做作业，于是作业上的错误就遍地开花了。真想找到一个好办法，能够让她爱上学习并且能够快乐地学习！

——阳光（网名）

第 23 封 来 往 信

不 要 迷 失 在 细 节 中

——高中阶段要"抓大不抓小"

冉教授：

可好！

每次读到您的回复，总有一种温暖的、亲切的感觉。读着，读着，就咀嚼到您的情诚挚，您的理可信。您说孩子上高中了，"越加接近真正的成熟……思维的逐渐系统化、理论化是高中生最重要的特点"。一个球体，它与外部世界的接触面远远超过点、线、面，所以孩子的"智慧仓库"造型应该由孩子自己去设计，创建成球状体。只有大脑中的知识体系创建成球体之后，运用起来备用，性能才最好，并得心应手，记忆一定牢固、持久又有活性。所以，我常给孩子说学各科知识点一定不能太松散，如项链的珠子样，一定要多整理：主动地把学过的知识点不断地串联起来，发现其内在的联系（看不见，但却存在的内在隐线），使记忆不断地系统化、整体化。孩子好像没听进去，因为我没有见她主动整理笔记之后再做练习。

孩子上高中后，生活节奏明显加快，清晨最迟6:15起床，洗漱之后吃早餐，7:00准时到校早读40分钟，中午12:00到家吃饭、午睡1小时，14:00到校，三节课之后已是17:55，班主任老师带着孩子们绕操场跑10分钟，回家吃晚饭后赶18:40晚自习，22:10下晚自习，到家就22:30了。星期六全天上课，星期天白天休息，晚上仍上晚自习。以前总担心孩子睡懒觉，现在孩子一听到铃响就马上起床，根本不用叫。我少了一件事，觉得轻松多了（我曾为这件事烦了3年，没想到就这样冰释了）。

孩子说："我们是县城唯一的一个小班，配置最好的教师，寄予最高的希望值，35名同学，前5名每学期都有奖励，等于是带薪族学生，且采用滚动制，所以不能示弱。"

孩子说："晚餐，很多同学都是家长送饭解决的，妈妈也帮我送饭如何？"我送了一次饭，来去花了30分钟，一背都是汗，回到家我休息了15分钟才静下来吃晚饭。难怪这段时间孩子晚饭都吃得很少，放学高峰期想骑快车也不行。我发现孩子的要求是合理的。

教授，暑假孩子先上了半月的课，军训3天，休息半月，8月的后半月又是上课。休息的日子带着孩子去了厦门玩，游览了厦门大学、李嘉诚纪念塔、郑成功纪念堂、淑庄花园等，而且是最要好的同学携同前往。那儿紫外线强度高，太阳像针扎似的让人受不了，好在带了防晒霜。孩子想到了小学毕业时去青岛同样是炎热的夏季，但人舒服多了。我说："学好地理知识，知道所处纬度与太阳紫外线的关系。就自然知道哪些地方最适合人居住了。"但孩子们始终都是愉快的。回家不久，她爸又带她去浙江东阳横店电影城玩……孩子感觉到时间过得飞快！

一晃开学又3周了。孩子问："这两天我很烦，时间不够用，问题一大堆，天天要清，天天又生，越生越多，我真得很急，烦得想哭，妈妈，我是不是有心理问题？"听孩子这么说，我感觉不妙：第一，孩子的心不淡定、不从容，没有坚定的信念，自信心需要加强。第二，孩子还不道如何铲除心灵杂念。我跟孩子说人生最快乐的事，就是能做自己喜欢的事，能同自己喜欢的人一起共事，目的都只有一个，让心灵快乐。孩子你别想太远，就想当下，把当天要做的事做好，保持忙碌，为当天有收获而满意。比如，又攻下一道不会的题，又顿悟了某个定义的新的含义，又背记了一篇英文，又写了一段富有哲理的随笔，又改正对某一概念的错误理解……眼睛盯着今天的收获，你自然会快乐。

我告诉孩子：为了追求快乐，就要自觉培养兴趣。被动地为学习而学习是非常危险的，也是悲哀的。

绝对不让外在情势逼着自己发奋学习，要从心底给自己暗示我喜欢学习，并从行动上主动去学。例如，在做数学之前，先尝试回忆，回忆不出的地方，再看书和笔记，自己再推导一次，最后再做作业，这样速度就快。这就是先主动去学，后完成老师的硬任务。就像猎人进深山打猎之前，选出最好猎枪，准备好几盒子弹，带上干粮后，才能打猎去一样。千万不能坐下就做作业，做不出来再查书和笔记，最后仍无办法，就趴在桌上睡了……（那是最糟糕、最痛苦、最被动的学习状态。）

我不停提醒孩子：在实际的生活中，即使做到了"酷爱"，外在和内在的"敌人"也还是会时时干扰你的快乐，比如最大的敌人就是"担忧、急躁"，它们会吞噬你的快乐。那么忧虑来了怎么办？克服有三个步骤，一是你所担心的事情大部分都不会发生，即使发生了，也会很快过去。二是保持忙碌，抓紧当下时间去学习、去温习。三是"天下大事，必做于细。"你的未来完全掌握在你自己的手中，要特别重视学习细节。

此外还要具备：

一、坚持不懈的韧性。最简单的事情总是指向最崇高的目标。不断学习需要用艰苦卓绝的精神去忍受。成绩好与坏跟个人的意志和韧性有很大关系。

二、要有豪迈从容的气概。"豪迈"即有大将风度，举重若轻，要大气。"从容"即凡事慢慢来，生活因为沉着而美丽。

三、自我意识的提升。要不断解剖自己，反思自己，改变自己，超越自己。因为人的成功是自我意识不断提升的过程。自省应该是一种习惯，没有自省就谈不上改变。

教授，我这样引导孩子，还有何缺陷？您方便时，能指点一下我吗？

此致

礼！

慧灵

2008年9月21日

家长朋友：

您谈了一个很有意思的现象——"以前总担心孩子睡懒觉，现在孩子一听到铃响就马上起床，根本不用叫，我少了一件事，觉得轻松多了（我为这件事烦了3年，没想到就这样冰释了）"。

这可能是一种质变，或者就是老百姓常说的"开窍"。我们曾经研究过开窍现象，也就是在比较短的时间里（有时候短到一个星期），孩子好像变了个人似的，从被催促学习、不关心别人变成主动学习、关心别人。

开窍现象是怎么到来的呢？我想应该有两个因素：一是各种教育措施下，孩子的认识慢慢提高、积累；二是成长规律决定了她的身心发展，这时可以达到"悟"的程度。我们的研究发现，88％的孩子是在初二下学期暑假才开窍的。

我想这个开窍大致是初中与高中不同特点的分水岭。孔子说他自己是"十五有志于学"，最近有一位国外学者认为13岁前所掌握的知识和体验就决定了他的一生。

可见，初中基本上是开窍、定向，而深化、系统化则主要在高中。初中所谓定向、开窍也是初步的，我们需要研究、注意她开窍的原因，核心思想是什么（比如为什么早起，可能有不同的动机）。

高中另一个特点，是她的社会化程度更高了。社会化也是双刃剑，必须面对。我认为高中可以从三个方面努力：

1. 继续进行身体和心灵、真善美方面的储备，为深化、系统化打基础。

2. 关注她的思想方法，甚至生活方式。高二的哲学课有助于解决这方面的问题。

3. 处理好理想与现实的关系。逐渐树立远大志向，勇于实践，关心人类命运，努力完善自己。

您和孩子采取朋友式的交谈，我感到很好。高中，更需要"抓大不抓小"；也不要抓得过紧，好像放风筝，适当再放一放，才能飞得更高。

推荐《教育的衔接期》给你，这是我和三位优秀教师合作完成的。您可以选择初中升高中部分看一看，同时也给我们提提意见。

您谈到"细节"，我认为需要辩证看"细节"，在实践上、在战术上必须注意细节；而在思想上、在战略上又不要被细节局限、误导。《细节决定成败》一书强调"细节决定一切"，引起许多人共鸣，起到一定积极作用。但是另一方面也应该注意：正像中国科学院院士谢学锦讲过"不要迷失在细节中"；余秋雨讲过"大的文化中，不要在琐碎的地方陷落"；郭思乐讲过"而琐碎的完美，却使整体的美被丢弃了"，的确值得我们注意。

以上看法，很愿意和您探讨，因为一切应用实践来检验，而您是亲历者，确实想听听您的意见。

您的朋友 冉乃彦
2008年10月3日

网络点评

教授您好！您的这篇文章实在太好了，使我找到了困惑的根源。我的孩子上高中后似乎对于细节不用人操心了，自己按时起床，晚上几乎是12点才睡的，但他并不像前面的那位孩子一样是出于内在的动力，而是迫于无奈，作业实在太多！他的烦闷之情常溢于言表，因而效率很低。做家长的说多了，他会更烦。您所说的"抓大不抓小"，我很有同感，但我怎样去抓这个"大"呢？您上次推荐的那本书，我和孩子一起看了，很有收获，孩子也很受鼓舞，振奋了一段时间，这两天又腻歪了，成天无精打采的。

——笛(网名)

我想，抓大是一个潜移默化的过程，家长只能随时注意，和他谈谈心，关键是他的自我教育。我认为，身体就是一个大问题。对于作业的问题，能不能想一下办法，去掉一些可做可不做的？有没有走形式的东西？一定要保证睡眠，不然不仅仅是无精打采，把身体毁了，而且是舍本求末。

——冉乃彦

冉教授，您的观点我很认同，但是我在"小"和"大"上很难掌握，有些小事不去注意，可能会影响孩子的一生，比如一些坏毛病；有些大事抓得太紧了，反而会阻碍孩子的发展，比如在孩子的兴趣上。究竟怎样判断呢？有些父母管孩子很紧却没成才，有些父母管孩子很松倒成了才，又怎样把握这种度呢？

——邓迪思(网名)

您提出的问题涉及了一个重要问题，我认为所谓抓，不是管，更不是通过禁止、包办，而是成人将精力集中在大事上，通过激发、帮助孩子的途径达到的。比如，兴趣(应该说志趣才是大事)涉及理想、信念，必须关注他的大方向，而不是粗暴地干涉孩子的具体职业选择。在高中有些小的、坏的毛病也可以抓，但是不能误了大事。如把主要精力放在去抓错别字，而对文章立意、构思、文笔反而不关心，才会影响一生。有些大师偶尔也有错别字，但不影响他成为杰出人才。

——冉乃彦

我的儿子上高二了，到现在他都不着急，做什么事都让人督促才行，请您告诉我怎么办？

——草儿(网名)

看起来孩子还没有成为学习的主人，是不是过去家长忽视了这个方面？请参阅我博客中的《培养青少年自我教育能力的十个策略》。

——冉乃彦

谢谢您。过去因为工作的原因忽视了他，现在我什么都放弃了，可还是不行啊，我都快急死了呀。

——草儿

现在更不能急！去病如抽丝。听听孩子是怎么想的。谈谈知心话，毕竟17岁了，他自己知道原因，您要硬着头皮听他说完。

——冉乃彦

每次看到孩子学习桌面不整洁，我就一定会把它整理好。左手边：数理化一叠放齐，紧挨着政史地一叠放齐，右手边语文一叠放齐，紧挨着英语一叠放齐，中间放好台灯。把它做过的试卷用小票据夹按各学科分别整理好并写上日期，放在书橱中。我这样做的目的是，想她养成将东西放还原处的习惯。我就做这一件小事，直到她发现这是自己的分内事而羞愧。我也不知道是对是错，但我觉得比不断地挂在嘴边要孩子桌面整洁更实在。

——慧灵

我认为事实说明你的方法是成功的。可能对大一点的孩子更有效，因为他们已经能够自爱、自尊，懂得审美。我有时就对一些善于讲整洁的人由衷佩服，感到他们很美，愿意向他们学习。的确"情绪化地说教"是最没有办法的家长的"常规武器"，如果再自我欣赏就更危险了。

——冉乃彦

第 24 封 来 往 信

持久的力量是惊人的

——进入自我教育的新阶段

冉教授：

您好！

学习做人，学习知识，学习技能，总之，学习一切都是为获得人生的幸福和美满！

半个学期一晃而过，孩子的成绩不尽如人意，我一直在反思：问题在哪？高中真的很难读好吗？下面是我给女儿写的信，您看看。

可爱的女儿：

你真是阳光使者，你出生那刻，太阳就从云朵里钻了出来，暖暖的、笑盈盈的，我记忆犹新。近来阴雨绵绵一周之后，祈盼已久的太阳终于出来，正好又是你的生日，同样暖意融融，妈妈的心也随阳光一样灿烂起来，祝女儿生日快乐，永远幸福！

昨晚母女同枕，你说："我发现高中成绩保持优秀的人，都是意志力坚强的人。"妈心头掠过一丝喜悦："孩子，你看问题终于开始有了深度。"这怎不让人欢欣鼓舞呢！你又成熟了一点。有句话说得好："志不坚者智不达"，它提示的正是智慧与意志品质的关系。正如爱迪生所说："伟大人物最明显的标志，就是他坚强的意志，不管环境变换到什么地步，他的初衷与希望仍不会有丝毫的改变，而会最终克服困难，以达到预期目标。"

高中三年的知识总量、知识的深度、广度、系统性远远超越初中。更强调的是老师指引、导航下的自主探究型学习方式。自主探究，首先必备的是积极主动的学习态度，专注、一丝不苟的学习习惯。每门功课都强调预习在先、复习及时。因为只有预先学习了，才能锁定上课的目标，上课才会弄懂更多，自然也能记住更多；及时复习，学的知识才得以在弄懂的基础上弄通，弄通的基础上再消化（老师们常说的知识要不断深化理解就是此意）。

你现在成绩徘徊在60—70分，说明还有30%—40%的知识未懂，若不及时赶上去，恐怕那暂时弄懂的一点有限知识（没得到及时应有的强化，更深入透彻地掌握）就会湮没在那未知的迷雾里。孩子，不能停止继续学习的脚步，未懂的知识一定要去弄懂它，已懂的知识一定要去熟练它，熟练的知识一定做到举一反三（破解它）。只要有定力、恒心，就没有学不会的知识。心中有信念，愈挫愈勇，乌云遮不住太阳，走过这段泥泞的冰雪小道，一定换来一段人生的阳光大道。不经风雨不见彩虹，不经霜冻哪来春天！妈妈心中就藏着这份生活的信念。

心理学研究表明，"坚强的意志包括自觉性、坚毅性、自制力、果断性四个基本因素。要以优异的成绩告别高中三年学习生活，必须具备坚强的意志力。因为意志既能调控你的态度、情绪，又能保证你的理智的充分发挥。"你常说"发下试卷一看，似乎又都懂，扣分的原因是看错题或漏做题。"这种陈述在无声地暗示自己或旁人不是不懂；也似乎在说我懂了，本不该扣这几分……

妈妈分析，你的学习态度要摆端正。这道题没得满分，就是错了，否则为什么要扣分？扣分就是在警示你重新去学呀！你的行为给我的印象：精力充沛、心情愉快的时候，要么这儿瞧瞧，那儿看看，会说休息一下，马上回来（给人一种时间富裕而漫无目标的感觉）；要么就是有一堆作业未完成，总是想着赶紧把这件事情做完，再赶去做另外的事（显得浮躁），总是不能停留在当下，不能全身心投入到当前的事情中。不是平静地、有序地学，而是在奔跑，急匆匆地往前走。埋着头向前赶去！

结果是每做一件事都不能够完美，让自己称心！源头就在不能够细细品味手头的工作，尝不到当下的快乐。在疲惫或心情沮丧时就会被某件不愉快的事情所羁绊，不想发生的事已经发生，分泌出了一些坏情绪是必然的，理智上明白已经发生了，已成为历史了，你的心就不能"湮灭"在过去而不能自拔，暂停学习，搁置计划，又浪费一个晚上或几个小时（显得脆弱）。妈妈希望你改掉这些，做一个有智慧的人，不以物喜，不以己悲，按自己的学习计划、学习步骤，井然有序地正常运转！

孩子，做一个智者，就是做一个活在此刻的人。只要坐下来学习，心中就要有明确的目标：我是要弄懂哪道题、哪个知识点，或者是我要熟练哪个知识点以提高做题速度，节省做题的时间等。目的明确了，效率自然会高，拿一个有趣的实验来说吧！

每次成功一小段

一位成功的企业家，在一次演讲时拿出许多卷五颜六色的皱纹纸带，分发给每一位听众，要求他们每人裁下一段30cm的纸带，只能用目测，不能用工具。然后，又要求每人裁一段100cm、150cm的纸带各一段。大家裁完后，企业家掏出卷尺，仔细地测量一条条纸带并公布结果：

30cm一组，平均误差不足5%；

100cm一组，平均误差为10%；

150cm一组，平均误差为20%。

推论：目标越小，越集中，越容易接近目标；目标越大，越宽泛，越容易偏离目标。

要提高自己的学习效率，每次学习都要有一个小目标，实现它，每次成功一小段，积累起来就不小了……

孩子，15—18岁正是人生花季，正是长身体、长智慧的大好时光，千万珍惜。行动时要考虑它的价值意义、它的重要程度、它的急迫性，三思而后行。小学、初中都是随喜而为，多么稚气；长大了，肩上有了责任感，自然就要努力增长承担责任使命的本领。

女儿，政治经济学向你们提出了正确的职业观：竞争就业，自主择业。不久的将来你想要做到你喜欢的一份职业，你就必须竞争胜出。若想做一个成功的人，就要了解成功者的三种魅力：智慧的魅力，道德的魅力，意志力的魅力。坚强的意志力正是成功者的核心品质。你回忆一下画家郑板桥如何借悬崖中青竹表达自己的信念："咬定青山不放松，立根原在破岩中。千磨万击还坚劲，任尔东南西北风。"表达出画家坚定的生活信念：永远像竹子那样顽强求生存，永远向阳向上，虚心做着学问！

孩子，只要你努力求学，阳光一定会泻入你的心田。

祝你永远幸福！

爱你的妈妈
2008年12月31日

教授，您如何看？

慧灵
2009年1月1日

家长朋友：

我看到孩子能够认识到"我发现高中成绩保持优秀的人，都是意志力坚强的人"非常高兴，说明她开始提出自我教育的愿望，进入新阶段了；同时，我看到您及时敏感地抓住这一契机，说明了您在家庭教育水平上的新高度。

您谈到，心理学研究表明："坚强的意志包括自觉性、坚毅性、自制力、果断性四个基本因素。"这是对的，但在后面的分析中，似乎基本上只涉及意志中的自制力，这当然需要（引导孩子循序渐进，有计划地培养自己的毅力），不过不够。自觉性，对于孩子也很重要。为什么一段时间孩子不能坚持，往往是和她的自觉性、目的性不够有关，由于目的不正确、不远大，就会常常被其他小目的、近目的诱惑而不能坚持。

看到孩子说："休息一下，马上回来"时，我笑了起来，这好像是《聪明的一休》中的台词吧？孩子很聪明，这样的孩子，才能够不至于被应试教育累死、累垮啊！

但是，您要求她克服"显得浮躁"的那些见解我非常同意。科学家的一个重要特点就是"非常投入"。

关于您推论："目标越小，越集中，越容易接近目标；目标越大，越宽泛，越容易偏离目标"。我觉得好像也需要辩证去看。并不是反对您的分析，只是有时候也需要从大方面去看，虽然误差比较大，但是由于在目标大的基础上，小的误差反而并不重要。我们也要防止培养出鼠目寸光的人，似乎也有另一方面的道理。您觉得如何？

　　顺便向您拜年了！

您的朋友　冉乃彦

2009年1月19日

相关链接

家长应给孩子多大的自由度？

　　现在有不少教育专家提出，应该尊重孩子的天性，让其自然发展；但也有很多的教师、家长感到，现在的孩子好像越来越任性，似乎自由过分了……

　　在自由的问题上，不少教师、家长，甚至有的学者存在以下几个误区。

　　第一个误区：有些家长可能以为孩子"不伤害他自己和他人的前提下能自己做主，去做他想做的"并没有什么问题。可家长忽略了，孩子要做到"不伤害他自己和他人"并不容易，它需要理智与责任感。更重要的是，自由的真正价值在于敢于冲破不合理的限制，敢于创造，敢于改变世界，敢于超越，这才是一生需要的"自由"。学校和家庭教育不能忽略这个目标而降低标准。

　　第二个误区：把孩子的任性当作自由，把对孩子的放任当作尊重。其实，任性恰恰不自由。一个为所欲为的孩子，实际上是被自己的欲望控制着。孩子合理自由和任性的区别在于，任性是只满足自己的欲望，不考虑这个要求是否合理、要实现是否具备了客观条件；合理的自由则是，提出的要求是正当、合理的，实现起来也有现实的条件。比如，孩子要求玩网络游戏，这是合理的。但是，如果孩子要玩涉及过分暴力、黄色的游戏，或者时间过长，甚至不完成作业，整天沉溺网络游戏，明知不对还坚持，这就是任性了。

　　第三个误区：把自由当作孤立的，和他人、社会无关的东西。

有的家长，好东西自己可以不吃不喝，全"孝敬"孩子自由享用；孩子可以蛮不讲理，家长只有忍气吞声；孩子可以无法无天、闯祸犯错，家长去赔礼道歉、承担后果……孩子拥有一切"自由"，而家长丧失一切"自由"。

更严重的后果是，不成熟的孩子是需要成人培养、教育的，而一个不自由的成人，怎么能够培养出一个真正拥有自由的人呢？一个不尊重别人、奴役成人的孩子，到头来只能使自己成为奴隶，当今社会上那些没有独立生存意识和能力的"啃老族"，就是那些走入误区的成人培养出来的。

一、从他律走向自律，在互动中走向独立

究竟给孩子多大的自由度，至少要考虑四方面条件：第一是年龄，孩子年龄愈大，给孩子的自由度越高；第二是个体特点，同样年龄的个体，成熟程度并不一样，孩子越懂事，自我约束能力越高的，给孩子的自由度越高；第三是家长能力；第四是生活地区的状况。

总的趋势，肯定应该是逐步提高孩子的自由度，因为创造精神、自由精神的基础是人格独立。如果孩子从小不能够逐步自主、自立、自律，创造精神就无法产生。

1. 成人要根据从他律走向自律的规律，逐步扩大孩子的自由度

孩子是随着年龄的增长，从他律走向自律的。人类的成长期很长，有一个很长的社会化过程。在这个过程中，由于未成熟的孩子是处在对成人的依附下，这就决定了他要按成人的价值标准行事，用重要他人的价值观规范自己，表现为他律下的依从性道德。不过他们只是在表面上以成人的价值标准来评价自己，实际上仍有一个不断发展的潜在的支配自己的价值标准，即满足自己需要的标准在起作用，这里又有自律的萌芽。所以孩子的特点是他律与自律不同比例并存，逐渐从他律走向自律。

在这个漫长的转化过程中，一方面孩子自身的智力、自我意识和能力逐步发展，成为自律的基础；另一方面孩子会不断地发现成人的观点和客观现实发生矛盾，从而动摇了他律的基础。这大致有以下几个方面。

（1）通过实践进一步提高了自己的认识水平——为自律打好基础。比如，孩子通过若干尝试，有成功，有失败，最终学会了炒菜、洗衣服，感到"我能行"。

（2）发现事实与自己主观认识的矛盾——为自律做好准备。比如，有的小孩子怕鱼被水淹死，就把鱼从鱼缸中捞出来；有的孩子以为交警是管交通的，武警就应该是管跳舞的。然而事实终究会让孩子发现自己的主观认识是错误的，于是变得愿意通过学习提高自身认识水平，提出"我要学"。

（3）发现成人的认识与事实之间的矛盾——动摇了他律的基础。孩子慢慢长大，总会发现自己崇拜的老师、家长，也有出错误的时候，例如，妈妈记错了时间，爸爸算错了题，老师讲错了字。

（4）发现成人之间（如教师和家长）认识上的矛盾，引起对他律权威性的怀疑——进一步动摇了他律的基础。例如，有的家长告诉孩子"别人打你，你就打他，如果你不打他，回家我就打你，我不培养窝囊废"，而老师告诉学生"要向解放军学习：骂不还口，打不还手。如果你能够做到，老师就特别喜欢你"。两个完全相反的看法，都是出自权威人士之口，孩子必须自己判断、选择，这就促使他逐渐走向自律。

2. 在互动中走向独立

有些家长以为，要想培养孩子的独立自主能力，只需要给他一个宽松的环境，孩子就自然而然地发展独立自主的能力。其实这种看法是非常错误的，孩子的独立，是在与家长的互动中培养出来的。孩子从共生、互动走向独立，大致有以下四个阶段。

（1）出壳阶段。这时候孩子像是刚刚从蛋壳孵化出来，他一方面认真探索外界，观察母亲，试探着拉拉母亲的头发，揪揪母亲的耳朵，看看有什么反应；另一方面，又表现为认生，死黏着家长不放。这时候父母应该对孩子的探索给予鼓励，对他的胆怯给予理解。

（2）练习阶段。孩子的能力提高了，开始自主操作，进一步脱离母亲。孩子一会儿勇敢走出去"招猫逗狗"，一会儿遇到麻烦，又回到母亲身边寻求支持和安慰，进行"充电"。这个阶段家长对孩子除了鼓励之外，还需要对孩子的言行给予恰当的反馈，对了就赞扬，错了要反对，同时引导他寻找正确的方法。

（3）矛盾阶段。这个阶段是父母最困难的阶段。对孩子来说，是既想依赖又想独立的矛盾时期。孩子常常设法引起父母对自己的注意，但是当父母对他们亲近，或者给予帮助的时候，孩子又会说"不"来表示自己的独立性。这个阶段在少年期达到高峰。作为父母，这个时候对孩子既要鼓励他的独立，又不能忽略对他们遇到的实际困难提供援助。

（4）稳定阶段。这个阶段甚至会延续人的一生。也就是说，家长的形象和家长对孩子的影响会稳定地长期留存在孩子的心中。孩子相信家长不管在不在自己身边，一旦需要，家长就会给予支持。只要内心相信家长的支持永远存在，孩子就能够独立起来。许多伟大的人物，例如爱因斯坦、爱迪生，当他们在成长阶段遇到挫折时，正是母亲的这种稳定形象发挥了极其重要的作用。

根据心理学家的研究，孩子在2岁、5岁和10岁，大致是行为比较平稳的阶段；而4岁、8岁、14岁则是行为不稳定的极端扩展期，有时表现得会太过分。但是家长应该理解，孩子出现的这种心理混乱，往往是独立化过程中的正常现象，是孩子进一步发展的前奏。孩子这时正在内心与父母、各种人际关系进行整合，当他们度过波动不安的阶段，后来会更稳定、更成熟。

二、"要给孩子多大自由度"的具体建议

根据以上"从他律走向自律，在互动中走向独立"的原则，吸取成功的家庭教育经验，我认为，给孩子的自由度，大致可以这样掌握。

1．时间上可以分为三大阶段

一是6岁之前的他律阶段。

　　二是6岁到14岁从他律过渡到自律阶段（小学一、二年级是他律为主、自律为辅的阶段；三、四年级是他律为主开始转入自律为主的阶段；五年级到初中二年级为自律为主、他律为辅阶段）。

　　三是15岁以上进入自律阶段。

2．内容上，不同时期有区别

　　幼儿、儿童时代——"抓小不抓大"（抓基本的行为习惯，不要抓空洞、抽象的理想、信念），在基本行为习惯中为将来的理想信念做准备。

　　少年时代——"大小一起抓"（巩固良好的行为习惯，开始理想、信念教育）。

　　青年时代——"抓大不抓小"（抓紧人生理想、世界观的教育，生活习惯由孩子自己去安排）。

3．方法上，带、扶、放

　　6岁之前的他律阶段：带。这个"带"是指家长的引领，主要由家长确定方向，确定范围。然而在这个范围内，还要发挥孩子的自主性。比如家长和孩子去买玩具，不要由孩子随便选择，也不要家长具体地确定选择。而是由家长确定在适合孩子使用的年龄、又是家庭经济条件允许的若干玩具的范围内，由孩子自己选择。这个"带"要体现"家长的负责与孩子的选择相结合"。

　　6岁到14岁从他律过渡到自律阶段：扶。"扶"的程度，要根据过渡时表现的具体情况而定。一般是，孩子会做的，教师、家长不再做，孩子学会了，进了一步，教师、家长就要退一步，不要包办代替。

　　15岁以上进入自律阶段：放。18岁之前孩子还不是法律上"完全刑事责任能力人"，因此，有一些重要的行为需要成人管理（如出远门，夜不归宿）。

　　当然，这只能是"要给孩子多大自由度"的一个基本原则，具体到每家、每个孩子，如前所述，还要综合考虑孩子的个人特点、家长能力和生活地区的状况。

三、给予孩子的"自由度"是否合理、恰当？

如何评价自己给予孩子的自由度是否恰当、合理？以下参考标准供检验、修正。

1. 观察孩子的情绪是否愉快、向上？

孩子总的心境应该是愉快、向上的，这不包括偶尔的失败、受到批评时的不高兴，因为它很快就过去，不是整体性、根本性的。如果孩子整体性的不愉快、向上，整天紧张、麻木，甚至惊恐、痛苦，则应该考虑是否给予的自由度过少了？

2. 孩子是否尊重别人？

一般说不懂得尊重别人的孩子（包括不尊重、孝顺长辈），只关心自己的利益，不懂得和别人分享。可能是给予的自由度太高了（如果内心尊重别人，只是缺少礼仪规范的教育，家长则要及时补上）。

3. 孩子是否有自尊？

孩子缺乏自尊，所谓的"厚脸皮""二皮脸"，表面上什么都不在乎，其实心里很痛苦；或者是相反，非常自卑，什么事情都没有主见，重要原因之一，往往是给予的自由度过少。

第 25 封 来 往 信

不要累了再休息

——高中学习的新思维对策

冉教授：

您好！

孩子进入高中后，成绩一直下滑，真悬心！开学一个月后就分了文理班，孩子选了理科，这孩子专注精神欠缺，她自认为不用功，尽管有热情，但持续状态差，我怕她学知识停留在一个层面上徘徊，悟不深透，得不到乐趣。我该怎么办呢？

教授，又给您出难题了，下面是我给女儿写的信，还请您百忙之中看一看，多给我指导。谢谢！

亲爱的慧浚：

近来可好！

妈妈想告诉你，为什么要学习？就是为了提高自己生命的质量。孩子，人的肉体是向阳的，每年冬季妈妈总会给全家人各买6条小短裤和一套新棉毛衣，好收藏太阳，让身上舒舒服服的，经常会洗晒被褥，让全家人睡得香香的、甜甜的。人的心灵呢，同样是向阳的，学习是人的高级本能，人的天性就是会去探究自己不知道的东西，想知道得更多、更正确，想不断地改造自己，获得自由。所以生活中不能没有追求，生活一定会朝自己的目标奔去。

水静则清，人静则明。万事从一起，万物静中得！

孩子，你是聪明的，你懂得此理，就应该知道做一个阳光的女孩，过一种充实而有序的规律生活是必需的，而且是终生追求的生活。那样，你会过得更快乐、更幸福、更成功！任何好习惯的坚持都会有成就感！

你现在的散漫、随喜、时热时冷的情绪不宁害得你多惨！

孩子，从现在开始，一定对自己说："有序规律生活，不分节假日，有一颗平常心。"

日常生活规律，主要包括饮食起居的规律、学习时间的规律、运动锻炼规律、游戏娱乐规律等，此外，还要注意早睡早起。

学习时间要有规律。著名的儿童早期教育者卡尔·威特在教育儿子的时候，要求儿子的学习时间不能超过1个小时。他的儿子后来说："很多人在学习中觉得压力很大，其实是他们在很小的时候，就形成这样一种错误观念'学习是认真和严肃的事情，与快乐、轻松是不沾边的。'对我学习的安排，父亲有很独特的方法。他总是想办法让我产生兴趣，自动自觉地去努力学习。"

"有一次，我兴趣盎然地在做一道很难的数学题，可能是在解答那道题中我得到了乐趣，从而忘记了父亲给我安排的时间。'卡尔，你该出去玩一下，时间到了'。父亲见规定的时间已过了好久，但我还没有出来，便催我道。'爸爸，我还没做出来呢'。我说道。'休息一会儿再做更容易做得好，先放一边吧。'父亲说。'我想先做完再休息，这题比较难'。我说。'我相信你能做出来，但是等到你做出来后，可能已经很累了，这样你接下来的学习效果会受到影响的，还是休息一会儿吧'。我正在兴头上，我一点儿也不累'。父亲说：'我看得出来，但是如果现在你不休息一会儿，不到外面去走一走，你的兴致很快就会消失的'。"

"听了父亲的话，我便停下来，跟父亲一起去外面散步。父亲一边走，一边对我说：'卡尔，这个道理你一定要明白，再大的兴趣，如果得不到适当的培养，早晚都会消失；同样，再大的热情，如果不进行适当的控制，很快就会失去兴致。所以说，任何兴趣都要培养，任何热情都要控制。'"

女儿，妈妈上面讲的故事，你明白了？

你说这半个学期，自己觉得对记随笔特感兴趣，写完拿给老师改，老师改完了自己又想写，花了不少时间，化学渐学渐感好学，做得也多了，又花了不少时间；数学，觉得难了，也懒得理它；物理同样也少时间光顾，上课听不懂时还会想睡觉或走神……孩子，不能想到什么就做什么，即使脑中知道事情并不重要，可是却依然不由自主地去做，这个习惯一定要改掉。这些行为叫随喜，是非常危险的，它会阻碍你进步。

养成了良好的行为习惯，看似训练和强化了自己的行为习惯，实际上，你的内心甚至大脑也因此得到了最大的解放和自由。

你该怎么改呢？就是养成制作出一个最佳的学习时间表的习惯。每天"语数英理化生"学习时间耗用都分配好，按自己列示的当天必做的事情及重要程度排序，依照时间表去严格执行。这样可以防止偏科，控制喜欢的科目就热情释放并透支自己的能量，应培养暂时还没有挖掘出的对其他科目的热情。埋葬自己的随喜，不让它复活。

锻炼健身有规律。经常感冒也对学习有害。要知道坚持有规律地锻炼健身的习惯是普通人做不到的。为了增强身体素质，很多人想过要好好锻炼身体。但是，"三天打鱼，两天晒网"的锻炼习惯使许多人都荒废了自己的锻炼计划。结果，不仅体质没有得到根本的改变，反而可能养成了做事一拖再拖、说话不算数的坏习惯。要获得好的锻炼效果，必须长期坚持，养成每天锻炼身体的好习惯。

自我培养目标。要养成按计划作息的习惯，保证自己的饮食卫生等，保证自己每天的学习、休息时间。

要养成不过长时间做一件事情的习惯，包括你正在兴趣盎然做着的事情也要控制，妈妈再给你讲个小卡尔·威特的故事。

有一天，小卡尔·威特正在书房做功课。父亲的一个好朋友，海德理奇·科恩先生来了，他是一个教育家。他主要是想了解小卡尔的情况，看看小卡尔是不是一个神童。他认为小卡尔掌握了那么多知识，学习一定很努力用功。

因为科恩知道他的一些挺不错的学生，每天的学习时间长达6—8个小时，天下所有的孩子，要想成功都离不开努力。

但小卡尔的父亲却说小卡尔每天的学习时间只有2个小时，最长不超过3个小时。科恩很难相信，一个每天学习不超过3个小时的人，可以把历史、地理、植物、数学都学得那么深入，还懂得6种不同的语言。恰好小卡尔的学习到时间了，科恩先生就直接问他这是不是真的。

小卡尔说"一般2个小时，今天多一点，3个小时。"科恩先生问："你不能再坚持学久一点吗？"

小卡尔说："我还可以多学一会儿，但是父亲不允许。"科恩先生转身望着卡尔·威特，不解地问道："孩子愿意多用功一会儿，这是好事呀！为什么你还不允许呢？"卡尔·威特说道："2个小时的学习对卡尔这种年龄的孩子来说足够了。外面有更多的东西值得他去学习。喜欢读书、学习用功是好事，但并不需要整天都关在书房里呀！"科恩先生惊讶地看着卡尔·威特，连连说道："真不敢相信，真不敢相信。"但是，对一个小孩子来讲，每天只学习2个小时真的不会太少吗？

卡尔·威特认为，对童年期的孩子来说，2个小时是一个极限，小孩子的精力最多只能集中2个小时，所以超出2个小时也只是浪费时间。

女儿，你还要养成良好的锻炼习惯。大脑是学习的机器，机器好，学习效率才会高。要想保持清醒的头脑，每天进行适当的体育锻炼是必不可少的。有人可能会说，我们每天的学习都那么紧张，根本没有时间锻炼身体。其实，学习和锻炼并不矛盾。因为，运动时脑细胞的活动有所转换，管体育活动的脑细胞兴奋，管思考的脑细胞得到休息，有助于消除大脑的疲劳。文武之道，一张一弛，体育活动实际上是一种积极的休息。在体育活动时间里，雨天可以在家跳绳，做仰卧起坐，晴天可以跑步（至少抽出20分钟）。

娱乐习惯也很有必要。通过娱乐活动，可以缓解你紧张的神经，有利于放松自己，使自己的学习、工作、劳动张弛有度，达到调节的作用。孩子，在娱乐时间里你可以学唱你喜欢听的歌，让自己快乐。Nobody can casually succeed, it comes from the thorough self-control and the will（谁也不能随随便便成功，它来自彻底的自我管理和毅力）。

终生爱你的妈妈
2009年4月19日

教授，您怎么看？

慧灵
2009年4月21日

家长朋友：

看了您的来信，我首先想到，像您这样的家长真不简单，结合孩子的教育问题，学习了那么多东西，同时做了深入的思考（例如，您指出，养成了良好的行为习惯，看似训练和强化了自己的行为习惯，实际上，你的内心甚至大脑也因此得到了最大的解放和自由）。所以我一直深信，中国的家庭教育一定会在众多家长努力下，出现了不起的发展。我们这样的学者，只有在和家长的合作中才能提高自己，并尽可能做一些贡献。

在许多人被绑在高考战车上盲目冲杀的时候，您能够如此冷静地向孩子提出"规律生活"的要求，我认为是有远见的。

中国的教育改革不可能特别快，在这艰难的时刻，各个家庭真是需要"八仙过海，各显其能"。根据现实的情况，我也是主张起码要有"三个保住"：

第一，保住身体。这是生命的载体。一个数字，没有前面的1，后面多少个0也没有用。身体就是数字中的1。现在，不仅是近视率达到惊人的程度，血压高、糖尿病都有低龄化的趋势。如果一代人体质整体下降，将是民族的灾难。

第二，保住对人生方向的追求、探索。如您开始时所说，"生活中不能没有追求，生活一定会朝自己的目标奔去"。在这个问题上，我想家长应该是"引而不发"，毕竟人生方向的问题，是需要个人认真思考的，"悟"其真谛，别人是代替不了的。当然，家长应该关注这个大问题，引导（而不是禁止、讥笑）孩子思考。至少不应该把一些错误的（有些甚至是流行的）观念灌输给孩子。

这种对根本问题的思考，也许每个孩子的途径并不一样。孩子对随笔感兴趣，至少有利于学习思考。我印象深刻的是，有一次在中央电视台《成长在线》做节目，有一个高一学生，原来是一个后进生，自从学习了哲学课之后，突然开窍，奋发图强，变了个人似的。就在那天，在电视台演播室，他运用辩证法驳倒了许多家长的陈旧观念，真有点"舌战群儒"的劲头。

第三，保住真才实学。我很欣赏哈佛大学招收学生的标准：不重视考试的名次，而是注重全面发展，有解决问题的能力，有社会活动能力。随着教育改革的发展，高考也在逐渐发生这方面的变化，所以保住真才实学，这和高考录取，尤其是和将来人生的发展，其实是一致的。

当然，在考试永远存在的情况下，学习一些考试技巧也是必需的。有的孩子一遇到考试，就不能正常发挥，实在可惜。这种损失应该想办法避免。

以上，只是一些心里话。由于我现在身边没有高中学生（我下学期准备去教高中），许多看法很可能比较主观，还需要您不客气地提出来，达到我们交流的目的。

您的朋友　冉乃彦

2009年4月23日

相关链接

"90后"高中生的特点与引导

一位中学教师曾这样概括他的"90后"学生："心智成人化、行为幼稚化、做事极端化"。这个群体的年纪虽然还小，却已经被认定是中国空前幸福的一代。他们是改革开放成果的彻底享用者，是信息时代的优先体验者，是教育体制和方向改革的教育和保护对象。

一、"90后"高中生的主要特点及产生的原因

当前的时代是走向知识经济的时代；走向网络的时代；走向全球一体化的时代；走向晚辈文化的时代。这样一个时代，"90后"给人的一般印象是敏感、自尊、叛逆而渴望独立……"90后"自己总结的代言词是：孤独、脆弱、烦恼、竞争、奋争和责任。

1. 张扬个性，思维独立，创新能力突出

他们自己不断强调"每个人都是独特的，""'90后'最有个性"，他们的确思想活跃，善于独立思考，而且创新能力突出。

通常，"90后"很少全盘接受，更不会唯唯诺诺，而是通过独立思考，提出自己的创见。如，"不要自我埋没，不要虚假地谦虚。""我们要学会及时地放弃。'放弃'并不意味着失败，也许'放弃'还会成为我们成功的某一因素。""人这一生，就是在不停地肯定自己，然后在否定自己中度过的，所以敢于否定错误的自己才是肯定的，才是对的，才是可以进步的。"

2. 有孤独感，渴求友谊，但又不善合作

调查表明，90%的同学会不时觉得空虚孤单，一个高一学生说："有时候我心里会觉得空虚，仿佛世界上就我一个人，没有任何人理我一样。我会寂寞，有时会很久很久一言不发……多年的朋友说过一句话：'我们总是表面在笑，却没有一次是有感而发、笑到心底的。'我想真的是这样，突然觉得生活好累，了解一个人好复杂……"另一个说："现在为什么没有纯好人，因为彼此之间失去了基础——信任。没有了信任，在任何场合都要做到'装''装好人'太平常，都可以达到国际演员的水平"。

3. 信息丰富，不善鉴别，易跌入网络陷阱

"90后"对新媒体的熟悉程度和亲和力远远超过前几代人。

对网络密切接触，有特殊感情的"90后"孩子普遍聪明、有特长，但很多孩子对学习的兴趣不大。他们对网络表现出少有的钟情与痴迷，不会合理利用网络，在网上浪费时间过多，而泛滥的网络色情信息，对处于青春发育期的"90后"诱惑力比较大。有的青少年打着网络学习交流和查找资料的幌子，在网络上游荡闲逛，男孩子玩游戏多，女孩子聊天交友多。有的"90后"青少年在假期里彻底放松放纵自己，整天泡在网络上、网吧里，一个假期过后，已经"网络成瘾"了。

4. 竞争加压，学习焦虑，身心负担很重

"'90后'的学生没有选择的余地，一出生就面临着社会给予的竞争的压力。由于家长、教师对学生的高要求，时常超越了他们所能承受的范围，使学生每天生活在竞争、受敦促、受批评的环境中，久而久之在不易察觉的情况下，形成了程度不同的如焦虑、自卑、悲观等不良情绪。心理问题尤其突出，值得人们关注。"

一个高一学生说："现在，只要想到将来生活的困难、挑战，我就压力大，为以后担忧"。"最近挺乏的，累死了！"另一个说："父母的期望很高，这也压得我们喘不过气来，使我们也承受了心理压力。随着压力的增加，久而久之会使我们对学习失去兴趣，变得不爱学习，出现一系列问题。这些问题的出现也使父母对我们施加更多的压力，也会使我们与父母更加疏远，也有可能会更进一步激化我们与父母的矛盾，严重时会出现争吵。"

5. 生活优越，抗挫折能力弱，依赖亲情，但又关系紧张

一个1994年生的孩子说，自己从小到大感受到的不是一般的幸福和快乐，而是非常幸福、非常快乐。爸爸、妈妈、爷爷、奶奶、外公、外婆，六位长辈无微不至地呵护着他。自己仿佛大将军，一"发号施令"就能得到他们的积极响应。可谓要什么有什么，生活得轻松自在。

据调查，某市"90后"约有25万，市第三医院儿童心理卫生中心提供有异常心理问题倾向的约占12.5%；有严重心理行为问题的约占2.5%；患有不同程度抑郁症、精神分裂症的约有0.86%。

南方认为，"这包括师生关系不良和亲子关系的恶化。'90后'孩子会夸大'代沟'的存在，单方面认为父母观念陈旧落后，和父母一有意见分歧往往表现得情绪激动、行为失控。觉得父母根本不理解自己，完全是在为难自己，有意和自己过不去。"

6. 探讨人生，产生困惑，酝酿新价值观

一项针对"'90后'社会责任观"的大型调查表明，近八成受访者认为自己有社会责任感，而高达99%的人愿意在成人之后承担更多的社会责任。……他们说的大道理可能会比"70后"之前的人们少很多，并且不喜欢空话、套话，但他们用自己的行动、自己的主见和想法为自己的追求努力付出。

部分青少年在追求个人价值最大化时，过于强调实惠、实用，导致道德界限模糊不清。在对待考试作弊的问题上，有超过1/4的学生认为"只要能考得好成绩就可以或无所谓"，23.8%的学生承认"如果其他人作弊，我可能也会跟着作弊"

看看"90后"怎样和别人争辩，有助于更全面地理解他们："我们不是垮掉的一代。不能破俗立异走出一条新路，是因为懦弱；既然做出了选择，就要勇于承担因为这选择而要承担的风险。我们要轰轰烈烈的人生，我们要成为我们想要成为的人，我们要青春有所担当。"

二、建议

"90后"高中生是尚未成熟、尚未定型，正在发展中的年轻人；他们是在新时代、新时期成长的一代。因此，面对全新的问题，家长应做到：

1. 给"90后"探索的空间

一个"90后"高中生大声疾呼："我们更需要空间去探索。我认为，现在我们的思维正逐步走向成熟，但也是我们最容易失足的时候。现在的我们对于事物都已开始了自己的一些认知，但事情有好

有坏，如果我们在这时候接触到了坏思想，那么我想，这一定将影响我们的一生。所以，我们要自我思考和认识，但更多的还是要借助一些前辈的推力，让我们先拥有正确的思维和思考的模式，然后进一步让我们自己去感悟、理解，最后成熟（但我们需要的是前辈的间接辅助，不是直接管制，现在的我们更需要空间去探索）"。

成人社会要善于倾听孩子的心声，平等对待，尊重他们的自主选择。不是给一个权威的观点，而是激起进一步的思考；不是给一个统一的视角，而是推崇多视角的互补；不是给一个最后的结论，而是引发新思路的出现。这样，必然是一个人才辈出时代的到来。

2. 教育者首先受教育

我国正处在走向晚辈文化的时代，"90后"学生的成长，是在和父母、教师的互动中走向独立的。这时候的长辈如何与晚辈互动，实在是一个重要的问题。

目前最值得关注的有两方面：

一方面是对青少年产生影响巨大的大众传媒中的某些人，单纯为了收视率、发行量，迎合一些人的低级趣味，例如在婚恋节目中散布拜金主义，用"腐朽落后文化和有害信息……腐蚀未成年人的心灵"。而可怕的是——他们是掌握社会教育权力的人！教育不仅有服务大众的功能（不是迎合大众一切要求，而是满足大众正确的需要），还应该有引导大众的功能。

另一方面是一些长辈，不能与时俱进，不断更新观念，而是仍然生活在过去的岁月里，用陈旧的观点否定现代人的一切，虽然出于好心，"把婴儿和洗澡水一起泼掉"。而严重的是——他们是掌握学校、家庭教育权力的人！

应该听听"90后"高中生的声音："我觉得，现在说'90后'怎样，都是逼出来的，我只希望老师有老师的素质，父母有父母的职责。"

所以，从现实情况出发，不得不强调：这个时代是两代人互相学习、共同成长的时代，要想加强对"90后"的引导，教育者首先要受教育。

网络点评

　　尊敬的教授，您好！我儿子6月就要读初中了，他从4年级开始学习下降，直至今日学习一直在70—80分，我很急。看了您的文章，我真的是摧残了儿子，可儿子实在没有自觉性。一玩起来就分不清东西南北，现在还跟我顶嘴，我不知该怎样教育，请赐教为谢。

　　　　　　　　　　　　　　　　　　　　——lishu（网名）

　　"去病如抽丝"，一定不要急。家长自己变了，孩子就会变——许多家长有这样的经验。多和孩子交谈，让他自己提出计划，开始要求不要高。

　　　　　　　　　　　　　　　　　　　　　　　——冉乃彦

　　冉老师，真的很喜欢您总结的那三条，还想补充一点保住健康的心理，残酷的竞争把一些孩子的心灵扭曲了，他们互相封闭而不是一起讨论、互相启发，这很可悲，他们不知道世界著名学府的教授们在一起讨论形成的思维风暴的威力有多大。

　　　　　　　　　　　　　　　　　　　——千手观音（网名）

　　同意，加上很好的第四条——保住健康的心理。

　　　　　　　　　　　　　　　　　　　　　　　——冉乃彦

　　尊敬的教授，您好！我儿子下个学期就上高二了，他也有上进心，智力不算差，是个阳光男孩，可就是好玩，自制力很差，他的成绩在进步，可他偏向理科，且他的语文成绩很差，我认为可能是由于没上六年级直接就上了初中导致的。我很想利用周假或大假给他补补，可他作业那么多，再说我的指教他根本不听，想给他请个家教，他说他想自学。想鼓励他多看课外书，可每次回家来，打开电脑不是看动漫《火影忍者》，就是打游戏，和大多数孩子一样，喜欢虚拟的东西。我该如何引导他爱上语文和阅读呢？请赐教，谢谢！

　　　　　　　　　　　　　　　　　　　　——等待（网名）

　　文科的补充，需要细水长流。我建议他看看人物传记（他敬佩的），现在孩子缺少理想，只选择轻松的东西看。

　　　　　　　　　　　　　　　　　　　　　　　——冉乃彦

第 26 封 来 往 信

罗丹"全神贯注"的秘密

——家长要避免过度关注孩子

我家妹妹：

放假三天玩得可好！

看着你一天天长大，妈妈的衣服你一件件都可以穿了，真是又高兴又忧伤。喜的是父母可以放"鸽子"了；孩子你应该自己寻我自己的天空，自力更生，不必与父母窝在狭小的天地里了。忧的是你的性情是否养好了？你的心灵准备了生存智慧吗？你有能力飞出去吗？考得不好而生气、松懈，有这个必要吗？假如生命是列疾驰的火车，快乐和伤悲就是那两条铁轨，在你的身后紧紧追随……要正视自己打折的分数，伤悲、埋怨无济于事，逃避必然让无知、痛苦纠缠你一生一世。唯一的办法是静下心来，把没弄明白的地方重新开始补学，一点一点地补起来。

有句俗语说："大才出大练，大练出辉煌。"坎坷可以磨炼出人的耐心、恒心和静心。凡人的苦难有两种，一种是外面可见的天灾人祸，一种就是内心的痛苦。要知道，没有一个人可以避开第二种苦难。每逢过年时，都要祝福别人心想事成，但是这世界上，不一定都能心想事成，意思是每个人都在受苦呢！所以，你要了解，磨难是有外在的，还有内在的。即使你今天没有外在的磨难，一辈子平安顺利，你内心仍然有各种生老病死、无知贫困、恩怨情仇、悲欢离合。所以你对困难、阻力要有正面的态度，把它当作生命的一部分，不要害怕它，因为经历了磨难，心灵才会觉悟和成长。

养花养土，养鱼养水，养人养性。学习一定要全神贯注，这样学习的效率才会高。妈妈给你讲个故事：

战国时有个著名的工匠子庆，经他手雕刻出的老虎，别人见了会吓得魂飞魄散。国君好奇，把子庆叫来问，"有这么好的手艺，有什么诀窍呢？"子庆说，"没什么秘诀，我跟别的工匠不同的只是在上山采集木材之前，我先斋戒三天，忘记功赏利禄；再斋戒五天，忘记飞语巧拙，最后斋戒七天，忘记自己身体的存在。半月之后，我拿着斧子上山去，看这个树根像什么，瞧这个树干像什么，不是用眼睛而是用心神去透视它像什么……一一收集起来，回家后，依乎天理，因其固然地把老虎从这些材料里挖掘出来。斋戒的过程就是摒除杂念的过程。让心静下来，水澄清就可以当镜子照，心静下来也可以成镜，可以透视你所思、所说、所做的一切……

女儿，还记得你四年级读过的一篇文章《全神贯注》吗？

法国大雕塑家罗丹，邀请奥地利作家斯蒂芬·茨威格到家里做客。饭后，罗丹带着这位挚友参观他的工作室。走到一座刚刚完成的塑像前，罗丹揿开搭在上面的湿布，露出一座仪态端庄的女像。茨威格不禁拍手叫好，他向罗丹祝贺，祝贺又一件杰作的诞生。罗丹自己端详一阵却皱着眉头说："啊！不，还有毛病……在肩偏了点儿，脸上……对不起，请等一等。"他立刻拿起抹刀，修改起来。

茨威格怕打扰雕塑家工作，悄悄地站在一边。只见罗丹一会儿上前，一会儿后退，嘴里叽哩咕噜的，好像跟谁说悄悄话；忽然眼睛闪着异样的光，似乎在跟谁激烈地争吵。他把地板踩得吱吱响，手不停地挥动……一刻钟过去了，半小时过去了，罗丹越干越有劲，情绪更加激动了。他好像喝醉了酒一样，整个世界对他来讲好像已经消失了——大约过了一个小时，罗丹才停下来，对着女像痴痴地微笑，然后轻轻地吁了口气，重新把湿布披在塑像上。

茨威格见罗丹工作完了，走上前去准备同他交谈。罗丹径自走出门去，随手拉上门准备上锁。茨威格莫名其妙，赶忙叫住罗丹："喂，亲爱的朋友，你怎么了？我还在屋子里呢！"罗丹这才猛然想起他的客人来，他推开门，很抱歉地对茨威格说："哎哟！你看我，已经把你忘记了。对不起，请不要见怪。"

茨威格对这件事终生不忘。后来他回忆说："那一天下午，我在罗丹工作室里学到的比我多年在学校里学到的还要多。因为从那时起，我知道一切工作，如果值得去做，而且要做得好，就应该全神贯注。"

女儿，学习时只有高度集中精神，专注于手头工作，学习效率才能随之提升。

持之以恒，就是学习要有颗平常心。就拿一点习惯的培养来说，你自己定了6点起床，你每天都会按时起床吗？包括休息日、假期和其他可以自由支配的时间。你认为这些日子就是休息，可是什么是休息呢？常说玩要痛快地玩、学要痛快地学，但是不学习就是休息吗？不见得。其实合理统一安排这些大段的时间，对提高和发展自我尤为重要。宋朝陆九渊在《劝学》中说："读书切戒在慌忙，涵泳工夫兴味长，未晓不妨权放过，切身须要急思量。"也就是说，每天都一一践行了该做好的事，遇到拦路虎，苦苦思索之后仍不得解答，没关系，不妨暂放一旁，但要在心底存着"？"，随时思考，随机求解。踏实、勤奋就体现在平凡的日子里。

1796年3月30日，在德国格丁根大学校园里，一位18岁的青年学生吃完晚饭后，照例做导师每天布置给他的3道数学题。这个学生很有数学天赋，导师对他寄予了厚望，因此，在他完成固定作业之外，还会多给他布置几道较难的题。通常情况下，这个学生会在3个小时之内，把所有作业完成。这一天，他像往常一样，不到3小时，就把固定作业完成了。可是在多布置的题中，最后一题写在一张小纸条上，要求用圆规和一把没有刻度的直尺，画出正十七边形。学生也没有特别在意，只是埋头做题。几个小时过去了，却找不到解答方法。他想：也许是导师看到我每次都很顺畅，就故意给我增加了一些难度吧。越是困难，他越想把这道题攻克。他拿着圆规和直尺，一边画一边想着各种可能的思路，一直持续到天亮。最后这道题终于被解开了。学生拿着自己的作业，来到导师办公室。他内疚地对导师说："您给我布置的最后一道题，我做了整整一个通宵才解答出来。对不起，我辜负了您对我的期望。"导师接过他的作业一看，惊呆了，问道："这是你昨天晚上做出来的？""是啊。可是我很笨，竟然花了整整一个晚上的时间。"导师让学生坐下，取出圆规和直尺，让他当面在纸上再画一个正十七边形。学生很快就画了出来，这时，导师激动地说："你知道吗？你解开了一个有两千多年历史的数学难题。这道题，阿基米德没做出来，牛顿没解出来。你竟然在一个晚上把它解答出来了！你真是个天才。我也正在研究这道题目，昨天给你留题时，不小心把写这道题的小纸条夹在了给你布置的作业里。"

谁都没想到在数学王国里悬了 2 000 多年的难题，竟然让只顾"埋头做题"的18岁高斯解答出来。

埋头实干没有攻出也没关系，水滴石穿，持久的力量是惊人的，它又会滋养出你的一种勤奋、执着的心态来。更何况，"优者为师，劣者为资"。只要你有虔诚、恭敬求教的心态，就一定有办法解决，办法一定比困难多！

万恶懒为首。终日无所事事，无所用心，贪玩舒适，饱食三餐的懒人就是米缸的蛀虫，专门掠夺父母勤劳果实的盗贼。孩子，要养好自己勤劳的习性，养性也是养智，有什么样的性情，就会有什么样的智慧和什么样的行为。

尽快从这种被动的学习状态中挣扎着走出来，做好今天必须做好的事，拥有淡定、从容的学习心态，埋头苦干，心无旁骛，探疑质疑，乐以忘忧，乐以忘时地对待自己的学业，成绩一定会上来。

爱你的妈妈
2009年7月3日

家长朋友：

孩子长大了，您很注意建立一个平等的关系，这是非常重要的。至于改称呼，只要孩子认可，也可以，有的家长和孩子是"哥们儿"关系，也是这个意思。

您给女儿的信写得很好，我也受到了不少启发。现在我非常想知道孩子看你的信之后的反应，你可否略说一二？谢谢！

您的朋友　冉乃彦
2009年7月6日

相关链接

关注过度

关注过度和溺爱不同，溺爱是只讲感情不讲教育；关注过度则是不但有强烈的教育意图，而且有具体的教育措施，不过是过了度，成为"溺教"。而这两种做法同样是违反教育规律、费力不讨好的，是从不同方向干扰了孩子的健康成长。

关注过度有四种表现，并从四个方面造成了家长意想不到的恶果：

1. 过多

家长对孩子的事情干预过多，明明是应该孩子自己做的事情，家长不放心，一定要亲自上阵，把"质量"搞上去。孩子作业中的错误，家长替孩子检查；孩子上课没听懂的问题，家长去问老师；孩子不起床，家长一次次催……

当然，家长帮孩子的忙，替孩子去做，所做的事情肯定会质量高、速度快，一时也会有表面的效果。但是，干预过多的结果，实质上是剥夺了孩子亲身参与实践活动的权利，影响了他得到亲身的体验。天长日久，结果是"锻炼"了家长，却耽误了孩子。孩子没有亲自实践，得不到真知；由于孩子没有机会磨炼，结果是坚强的性格、出色地解决问题的能力都不可能形成，严重的还会养成懒惰成性的坏毛病。

2. 过细

家长对孩子的事情管理过细，明明是孩子可以自己安排的具体事务，家长感到不合自己的心意，就不怕辛苦，事必躬亲。孩子每天几点几分干什么，都要由家长决策做明文规定；孩子外出穿什么服装，孩子的房间有什么摆设，一律由家长安排得仔仔细细。……

整理书包本来是孩子自己的事情，家长只是需要教会孩子，然后起到提醒作用就可以了。但是有些家长非要次次亲自下手，闹得许多学校都出现过类似的笑话：当老师批评学生没有把书包整理好的时候，学生就委屈地说："全赖我爸爸不认真！"然后立即打电话严肃地警告父亲"以后不许再犯马虎的毛病"。

管理过细的结果是剥夺了孩子自主选择的权利，影响了他自我管理能力的发展。

3. 过严

家长对孩子要做的事情要求过严，超出了他的能力。明明是一个幼小的孩子很难做到的事情，由于家长期望高，非要逼着孩子去做。比如，走路不许跳，吃饭不许笑，待着不能发愣，"双百"一分不能少。……

要求过严的结果是剥夺了孩子发展所需要的宽松环境，影响了孩子健康个性的形成。

当然，教育孩子应该严格，没有规矩不能成方圆。但是如果过严，就会变成过死。在过死的教育环境下，没有自由的天空，人就会像一个模子刻出来的，没有个性，没有主动性，没有独立见解，更不可能有创造性。

4. 过急

家长对孩子要完成的事情要求过急。明明是一个未成熟的孩子不能立刻做到的事情，由于家长心切，催着、哄着孩子尽快做到。刚会走路就让孩子练快跑，刚学会认字就要求读世界名著，刚会唱一首歌就张罗着去上台演出。

要求过急的结果是剥夺了孩子发展所需要的过程和时间，造成了成长中的"夹生饭"。孩子的生理和心理发展，都必须有足够的时间。家长一定要学会做必要的等待。"拔苗助长"的结果，只能是累坏家长，毁坏孩子。

走入"关注过度"误区的家长肯定都是重视教育的，之所以过了"度"，一方面是教育观念不正确。他们不了解真正的教育，是通过自我教育达到的；真正的发展，是孩子主动发展得来的。那些通过灌输、通过包办所培养出来的人，通过关注过多、过细、过严、过急所被动教育出来的人，往往缺少独立人格、创新精神和开拓能力，是当今时代最没有发展前途的人。

另一方面是家长对孩子发展的客观规律不了解。孩子的发展有他的自身的规律，这不是家长主观愿望所能改变的。过急，则"欲速则不达"；过严，则扼杀了独创性；过多、过细，则干扰了孩子的健康成长。这些家长恰恰是自己亲手摧毁了美好的愿望。

当然，对"度"的把握，不会有一个万灵药方，应该是因人而异，因不同年龄阶段而不同。如何做到关注而不过度，体现出教育的艺术性，这就需要我们广大的家长在实践中去不断地总结，不断地创造。

网络点评

眼眶有些湿，我多想也跟女儿有个良好的沟通啊，可是，总也做不到。我们的观点分歧很大。在学习上，我不怎么管她，在做人、做事上关注得较多，所以总是出现矛盾。我有时特困惑。

——稀薄地带（网名）

不要急，先找共同点，从孩子的认识高度往上引导。听听孩子的见解，同意、肯定她对的部分；对自己，不要全部肯定，与时俱进，不断提高……我相信血浓于水，情况会慢慢改变的。

——冉乃彦

第 27 封来往信

感 动 是 前 进 的 推 动 力

——如何引导孩子在互动中走向独立

冉教授：

您好！

昨天晚饭后，我和女儿说："乖乖女，过来，妈妈求助你一件事，只需15分钟，先猜猜看吧！"孩子问："洗碗！""不对。"孩子又问："把阳台上的衣服收起来？""又不对"。见孩子等不及的样子，我说："电脑上看看妈妈给你的信"。于是母女一起来读这封信。

女儿读后，眼睛有点潮湿，但静得出奇。之后对我说："妈妈，我做作业去"。"现在信中称你妹妹好不好？"孩子说："不好，别扭！"声音有点颤。孩子发现我眼中含着泪光，又说："妈妈，你难过了？"我说："不是的，有点感动。""自己写的东西也会感动？"孩子问道。我说："不先让自己感动，又怎能感动别人？"孩子说："倒是。"然后转身去自己房间。

今晚女儿没有频繁地出来"休息一下"，只有中间9:00左右出来洗了个澡，又静静地去自己房间到10:30左右，去她爸爸空调房间睡了。

慧灵
2009年7月15日

家长朋友：

谢谢您的回信，女性更加擅长全方位的观察和细腻的叙述，使我好像身临其境地看到您和孩子的交谈。

您可能看出来，我更加关注亲子之间的互动。我非常同意华东师范大学李晓文的观点——孩子是在互动中走向独立的。

我想强调两点，来和您交换意见。

一是亲子互动中孩子是根本。孩子的成长是我们教育的根本目的，孩子的成长从根本上说要依靠他的内因，教育的本质是激发孩子的自我教育。所以作为家长，要有意识地把重心放在孩子身上：观察、研究、分析孩子的各种表现；学习、思考引导孩子的方法；

试探着使用各式各样的（互动的）方法，激发、引导孩子去行动；及时听取、观察孩子的反馈；坚持必要的"等待"（量变需要时间，家长最经不住这种"煎熬"，常常采取各种形式的"拔苗助长"）。不知道我的这些看法是不是符合实际？

二是对高中生的互动，开始走向"抓大不抓小"。有些卫生习惯、生活习惯、学习习惯，没做好的还需要培养，但是不能因小失大。对世界观、人生观的观察、引导、讨论，是不是应该适时而行？这些大问题，本来就很有深度、难度，再加上社会发展带来的新情况、新思潮，会使我们家长完成这个任务难上加难。难也要做，只好勉为其难。于是或者束手无策，或者"有病乱投医"，或者"狂轰滥炸"。当然，最理想的是"四两拨千斤"，家长在关键时刻点拨一下，而不是"千斤拨四两"。也许在孩子小时候培养习惯，可以"千斤拨四两"，但在这些大问题面前，"千斤"的重量，我担心会压垮孩子的主动性。这也是我的主观设想，需要接受实践考验。我建议您试一试"四两拨千斤"，因为我觉得您有这个条件。不过，您还需要随时了解孩子的反应（许多新东西对他们有影响，不论对错，都是现实存在的），做出必要的调整。

祝好！

您的朋友 冉乃彦
2009年7月16日

➤ 相关链接
"青史留名"忽悠了一代代人

对高中生要"抓大不抓小"，一个关键问题是如何看待"名"的问题。它不但困扰了许多知识分子，也困扰了年轻的学生。

1．"青史留名"的本质是满足虚荣心

赞扬"青史留名"观点的人认为，"青史留名"就是指一个人做的事情得到历史承认。表面看起来很有道理，因为真理要得到实践的检验，个人的价值同样应该得到历史的检验。

但是实际上，"青史留名"与得到历史承认有两点本质的不同。一是个人去主动追求"青史留名"，和客观上历史对每一个人会做出评价是两种不同性质的事情。二是"留名"和"贡献"的具体目的也是不一样的。把"青史留名"作为人生的最终目的，着眼点是个人的"不朽"，关注的是自己的名字是否在历史上留下，是一种虚荣心；而把为人类做贡献作为人生目的的人，着眼点是付出，关注的只是自己对人类做了哪些有利的实际事情。至于历史是否承认则"任人评说"。

"为出名""为自己的虚荣心"，道出了"青史留名"所追求的本质。

如果出于自己所作所为需要得到历史验证的目的，那为什么把眼睛盯住个人的"名"？为什么在"青史"上一定要留下你的名？应该验证的是你做的事情，还是你的名？事情做了，他人得到幸福，老百姓得到实惠，自己得到欣慰，"赠人玫瑰，留有余香"难道还不够？

在俄罗斯无名烈士墓前，熊熊火焰不息，墓前"你的名字无人知晓，你的功绩永世长存"的大字闪闪发光。

在山东青岛人民上千笔捐款中，很多捐助者都署名"微尘"。《感动中国》十大典型之一"微尘"是个值得尊重的人，她不图名、不图利，只想以自己的方式做善事，同时大家希望"微尘"这两个字成为青岛公益事业的一个符号。在她的感召下，越来越多的人热心公益、无私奉献、关爱他人。微尘的"做好事不留名"，给人一种崇高感。

2. "青史留名"一直在腐蚀着我们

事实上，"青史留名"的人生追求，一直在腐蚀着我们。从大到科学研究中的虚假报告，小到在名胜古迹上胡刻乱写，人们忘不了的就是自己那个"名"。从古至今，人们对功名的追求十分强烈，孔子就认为，"君子疾没世而名不称焉"。《红楼梦》借疯癫道人的口加以讽刺，在《好了歌》中唱道："世人都晓神仙好，唯有功名忘不了……”

　　历代有多少人为了追求“青史留名”，白白耗费了自己的一生。

　　现在，在浮躁社会心态下，又有多少人等不及“青史留名”，在追求“一夜成名”后的“一夜致富”；社会上五花八门的所谓“名人大辞典”，正是利用了人们求名、出名、成名的心理在大发其财。有的医生做手术，当他盯着自己的“名”时，就会看轻病人的生命，拿别人的生命做实验。生活中为了成名，不择手段；为了出名，钩心斗角，搞得多少人筋疲力尽。……

　　最近，在一个著名的节目中，有六位10岁左右的嘉宾，在回答“长大了想干什么？”问题时，第一个想当官，第二个想当名人，第三个想当有钱、有名、有权（可以管别人）的人，第四个想当主持人，最好有名，第五个没想好，第六个（在美国上学）想当乒乓球运动员。

　　当代，又有多少官员，为了使自己任职当官时期的政绩留下美名，竟然拿牺牲人民的长远利益为代价；一些贪官更是不择手段地用老百姓的血汗钱，为自己树碑立传。

　　3. 先进文化总是批判“青史留名”

　　曹雪芹笔下的贾宝玉是一个封建文化的叛逆者。在《红楼梦》第36回，就写到宝玉对宝钗很生气：“好好的一个清净洁白的女儿，也学钓名沽誉，入了国贼禄鬼之流。……”独有林黛玉自幼不曾劝他去立身扬名，所以他深敬黛玉。

　　“当代毕昇”王选说过一段朴实而诚恳的话，令人敬佩。他说，“我非常赞成欧美流行的一句话，即一心想得到诺贝尔奖的人得不到诺贝尔奖。我1990年曾经问过李远哲先生，他说从来没想到能得诺贝尔奖。当获奖的消息宣布时，他正在做报告，大家上前去祝贺他，李远哲以为大家是在祝贺他刚才做的学术报告很好。我想一个人有了成绩不要为当前名和利所诱惑。中国古代有句话，上士忘名，将名利彻底淡忘；中士立名，靠自己的成就把名立起来；下士窃名，自己不行就窃取人家的。我做不到上士，因为我做不到忘名的地步。但是我不会为了立名而去窃名。当年我们从事激光照排项目的有些中青年教师对名和利看得比较淡，甚至多少有点看破红尘"。

商品追求成为名牌，文学家、艺术家向往知名度，在市场经济条件下无可非议。问题是追求名牌、知名度背后的目的是什么？是为了给人民带来好处，还是单纯为了自己的利润，为了自己的虚荣心。

一个社会如果很多人去争名争利，而分不清荣耻，带来的绝不是和谐和进步。在当前多元文化的影响下，在推崇个性的时代，这点尤其值得注意。

4. 人生应该给人们留下温暖而"忘名"

"前人栽树，后人乘凉"，才使得我们感受到一个人生存的意义和生命的价值。

"贪图功名是思想的死亡"（英国哲学家维特根斯坦语）。那些想"不朽"、只想"青史留名"的人，实际上在人生意义上并没有走出误区。因为"只有能够使人忘我的事情才能使他的生活获得意义。显然生命的意义在于支出而有所获。人的存在具有双重性。人既是个人的存在，又是社会的存在物。如果把自己的生命和自我当作最重要的东西，当作价值的最高点，就不可能感觉到生活的意义。不能忘我的人是不幸的，他不会有感人的亲情和爱情，不会有伟大的成就，理解不了伟大的艺术……如果一个人的生活是有意义的，他必定热爱一些人和事情超过爱自己"。

"对人来说，最大的欢乐、最大的幸福是把自己的精神力量奉献给他人。""船锚是不怕埋没自己的。当人们看不见它的时候，正是它在为人类服务的时候"。

让我们做"微尘"，做"微风"，做"雨滴"，默默地给人们带来一点温暖、一点益处，我们就是幸福的人。

第 28 封 来 往 信

成就有主见的孩子

——高中生的两个亮点：自主和主动

亲爱的孩子：

可好！

好久未用笔谈了，现在妈妈很想对你说说心底的主张。

用快乐的心情去学习。

通过这次挫败，妈妈发现你成熟了几分：自主、主动。之前每次挫败只要妈妈多说你几句，你会发怔，不开心好一阵子。现在你不一样了，你开始内化客观的结果，情绪上不再聒噪（听不到你说什么看错字、抄错数，什么就一点点没想到，或是一些丧气的话），你表现得平静、自然。妈妈从内心惊讶不已，你真的长大了，做了自己心灵的主人了。学会自主思维，掌握自己情绪了，挺不错的。

今天，能够看到这点，妈妈非常开心了。要知道妈妈特别重视它。努力做一个以自己的力量思考、行动的人，就是自主的人。妈妈期盼你的这种改变，已有许多年了。记得小学二年级时，你还只有8岁，有一周末不让你出去玩，要求你在家练毛笔字和做数学题，你不肯做，坚持要去玩。我就没收你的零用钱。你飞快地把它藏起来，我逼你拿出来，你就绕着大床和我兜圈子，我终于把你的钱拿走了，你就哭得死去活来，浑身颤抖，小脸蛋都哭青了……我突然害怕了，连忙蹲下抱起你，自己也泪流满面地说："是妈妈不对，妈妈还给你，还给你，你数数，对不对……"你是一个天性就倔犟的孩子，不会屈服于暴力……此后，妈妈也开始反省自己，采用平等交换思想、换位思考的方法来达到互相沟通的目的。

如果让我在偏执、倔犟和毫无主见的两个孩子中选择，我宁愿选择前者。偏执、倔犟虽然很多时候很讨厌，而且有一意孤行的危险，但是，当孩子的想法是正确的时候，就成为意志力，就能获得成功。现实中，很多时候正确的都是睿智的少数人，只有能够顶住各方面的压力，坚持自己的见解，才能够不吃盲目从众的亏。英特尔总裁格鲁夫写了一本书《只有偏执狂才能生存》，许多人说这本书比英特尔集团更能提升他的身价，这本书确实充分说出了强大的自主意志，对于成功的决定性意义。你能转换思维角度，冷静面对现实，不被暂时成绩桎梏，真的进步不少。

孩子，假如没有主见，就永远不能成功，只能跟着别人的想法转圈圈，只能任凭环境的摆布，无论人家的想法是对是错，无论外界对他的情绪干扰是积极还是消极，全部被动承受，多可怜！

假如没有主见，他的心灵、他的情感、他的人生都不属于他自己，而属于外在的各种影响，这实在是一件很可悲的事情。

妈妈今天欣赏你的第二个亮点：就是主动。你没说废话，转向行动，用手去响应。通过反思剖析，发现语文基础知识太差，错字、别字多的脸面无地缝可钻，就立即买了相应的练习，寻找克服的方法……——对症下药了。

孩子，在学习的过程中，用勤动手来排泄心灵的垃圾很重要，不要让毫无价值的杂念及情感垃圾，干扰自己的正常的学习心态。专注于自己认定的事。其实学习本身就是一件非常愉悦的事。当你碰到一个难题，把你折磨得死去活来的时候，突然茅塞顿开，那种豁然开朗的感觉确实令人心情激荡，这是非常幸福的感觉。这种快乐是苍天对勤劳者的奖赏。

涤除杂念，勤动手。数学、物理、化学为什么上课能听懂，但就是不会做题，原因何在？听懂了不等于就能"手做"，看明白了也不等于能抬笔做。"手做"是对耳朵的检验，"手做"能证明是否真的看明白。"手做"是基本技能的训练，不做一定的量，就不会产生手上的灵感。农夫有话说得好，"看人挑水不觉累，自己挑来累弯腰。"一道题，看着老师讲得挺明白，但是你自己动手试试，可能就不是那么回事了。所以，很多问题不要只是觉得听明白了就不动手了，其实这不是真的会做。应该是听别人跟你讲，听明白之后，自己再独立地动手做一遍，好多的技巧、好多的未被你发现的遗留问题，往往是在动手的过程中才发现的。要知道，能听懂，能看明白，但就是不太会做，说明你离这道题的难度仅有一步之遥，是你踮一踮脚就能够着的高度，在这样的地方，只要你再努力一

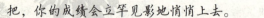

把，你的成绩会立竿见影地悄悄上去。

女儿，中午你没说两句，就按正常的作息时间去午休了，理解了宁静的心态、有序的生活，以及抓紧时间，勤做多练，主动出击的价值所在。

是呀，人生的灾祸和幸福还是要靠自己主动去避免和争取的。人生更多的时候像是一次自助餐，想要什么要靠自己去拿。主动才有机会，主动积极才会有自信心。主动才能成长，尝试越多，经验就越多，应变就越强；阅历越广，就越不容易鼠目寸光、大惊小怪。相反，处处、时时、事事被动，就会停滞成长，甚至倒退。

要养成一种宁静的心态，开心地面对自己的学习，可能一开始会难一点儿，但是一旦坚持了一个阶段，形成一种自然，那么变成优生，也是件容易的事了。只要肯播种好行为，定会收获习惯。哲学家亚里士多德说，优秀就是一种习惯。自主、主动就是优秀者的两种好习惯。你拥有了这两项好习惯，自然踏上了优秀的平台。从今天开始，把优秀变成习惯，使优秀习以为常，变成自己的第二天性。让自己习惯性地去创造性思考，习惯性地去认真做好手头上的事。有了这样的好性情，还怕智慧和成功不来光顾你吗？

一日之计在于晨，让妈妈最头痛的是你早晨起床的磨蹭问题。你一会儿把手机调到4:30闹铃，一会又调到5:00或5:30闹铃，而且还要闹三次，弄得我总睡不好（若再不改，妈妈的身体健康一定受损），更可气的是又不能准点起来。这种坏行为，对你绝对是一种生命和时间的毫无价值的损耗。

生活一定要养成规律，要有节奏感。自己应该形成一种生物钟，到时候该几点起床就几点起床，该几点睡觉就几点睡觉。当学习生活形成一个很强的规律时，大脑的负担也就相应地减轻很多。再说起床，到时候就起来了，大脑也就不需要思考，若懒汉样到该起床的时候，还得做痛苦的思想斗争：现在能不能起床？要不再睡上5分钟？有时经常为了起床，做这种无谓的思想斗争，甚至让妈妈叫……而且每天的起床都是这么磨磨蹭蹭的。连这样一个小小的行为，都形不成一种规律的话，那你的大脑跟着你可受罪了，什么事都得动脑子，都得去思考。这点你一定要向你爸爸学习，你爸爸最大的优点是意识到是错的事情，一定会彻底改，自己决定要干的事，一定干得最出色。就说他早上起床吧，决定明天5:30起床，他只要听到第一声铃响，掀开被子就起来，果断迅速……

女儿，一定养成规律的作息习惯。

爱你的妈妈
2009年11月13日

家长朋友：

从您和孩子的笔谈中，我深深感到中国家长对教育的责任感和智慧，真称得上是世界一流的。

我非常同意您的发现：孩子的自主、主动，并欣赏您写的"假如孩子没有主见，他的心灵、他的情感、他的人生都不属于他自己，而属于外在的各种影响，这实在是一件很可悲的事情"。的确如此，人的动力在于追求自我价值，也就是说，如果自我意识和价值意识不成熟，不能自我认识、自我要求、自我践行和自我评价，没有自主性，就不可能主宰自己的命运。

而我们的教育，集中在对外在世界的认识上，忽略了发现自我、理解自我、反思自我和规划自我的引导和教育，一个缺少了自我的人，怎么可能去思考和追求人生价值？

当然，有的孩子由于年龄小，他的自主可能还处在"任性的自主"阶段，这虽然是幼稚的、不顾客观条件的盲目自主，但是应该承认它是自主性的开始，只有经过后来的"崇拜的自主"阶段，才能慢慢发展到真正的自主阶段。

在自主情况下的学习，才是快乐的学习，学习才会成为一种享受，包括战胜困难过程的苦中有乐。孩子们只有达到这个境界的时候，才够得上是学习的主人。

您谈的作息习惯，也是一个重要的问题。如果您把它看成是培养自我教育能力的大问题，看到它的价值，可能就不会那么头痛了。

　　教育家苏霍姆林斯基曾经说过，"战胜自己是最不容易的胜利。一个人正应当从这里开始认识自己，开始自我教育。应当在儿童时期和少年早期，即从 7 岁到 10—11 岁，就教给一个人自己安排自己的事，并且在必要的时候能够'强制自己'。如果错过了这个时期，那么以后就不可避免地出现再教育的问题。"

　　苏霍姆林斯基也非常重视培养"强制自己"的品质。他说："如果一个人在童年时期就体验过克服自己弱点的满足，那么他就会以批判的态度看待自己。正是从这一点上，开始了一个人的自我认识；没有自我认识，就既不可能有自我教育，也不可能有自我纪律。一个年纪幼小的人，不论他把'懒惰是不好的'这句话记得多么牢，理解得多么清楚，但是如果这种情感没有迫使他在实际行动中管住自己，那么他就永远不会成为一个意志坚强的人。"我实在是佩服苏霍姆林斯基，他把这个问题说得如此透彻。现在，最需要家长和孩子们在实际行动中把这种"意志努力"付诸实现。

您的朋友 冉乃彦

2009年11月17日

➤ 相关链接

教育中的合理"激发"

　　"只有能够激发学生进行自我教育的教育，才是真正的教育"。人认识自己，其实是最难的。家长首先要激发孩子有认识自己的意识，其次才谈得到能够正确地认识自己。

　　1. 通过"被重视"，唤醒自我

　　期望本身就是一种激发，家长的一个关爱眼神，可以反映出对孩子的关注、欣赏，可以让孩子感到"被重视"，这就是最基本的激发。

2．通过"树标准"，比较自我

孩子在"自我感觉良好"、懵懵懂懂过日子的时候，很难主动想到去认识自己，因此要通过激发打破这个平衡，暴露这个差距。除了正面"树标准"之外，让他和同龄孩子比较，城市的孩子要和乡村孩子比较，找到自己的差距，都能够引起孩子自己的反省、自悟。

3．通过激发孩子，使其进行反思（观察、分析、顿悟）

"青少年学生正处在心理发展期，有很大的可塑性，也存在很大的波动性……需要学生看清自己，剖析自己"。许多家庭采取了读名人传记的方法，收到了可喜的效果。另外家长也要注意孩子的计划安排，避免计划的大而空，或缺少人生规划指引下的过于琐碎的小目标。

4．学会自我控制

如请同学在自己容易犯老毛病时，及时提醒自己；早上请家长叫醒自己。这些直接、主动求助于他人的控制，对于年龄小的学生也应该视为一种不错的办法，但随着孩子年龄的增长，孩子内在控制比外在更重要。

5．自我调整

家长应把孩子存在的问题真实地摆出来。因为面对真问题才有真思考，有了真思考才有独立人格，随后才会有自我。当孩子有了自我，有了自我教育的存在，家长引导孩子对其发生的问题进行交流，并做出反思与调整，帮助孩子解决问题，进一步成长。

避免让孩子在家长设定的框框内，盲目、被动地执行家长的指令；有的孩子提出"十分钟休息也要复习功课"的计划，这很明显违背了劳逸结合的原则，家长不能一概支持；如果家长激发的结果，只是局限在、停留在口头、笔头的自我教育，比如，不能仅仅是提出一个"面对有人落水，你怎么办？"的情境，让孩子讨论、写感想、表决心。而应该不离开孩子面临的现实问题，如激发学生用行动去面对"同学呕吐了，你怎么办？""同学有学习上的困难向你求助，你怎么办？""同学对你不礼貌了，你怎么办？"这样一些真实的、身边的、不可回避的问题，而且讨论之后必须去实践。

父母该怎样培养孩子自我教育的能力呢？

（1）父母要对孩子的自我教育能力有信心，并帮助孩子树立自我教育的信心。父母往往认为孩子年龄小，成人不跟着管理是不行的。但教育学认为，每一个人都是一个独立的个体，他们的生命都应该受到尊重，如果给个体发展的环境，他们都有能力对自己进行自我管理和教育。因此，父母首先要对孩子有信心，相信孩子会有上进心，相信孩子的能力。不要因为孩子年龄小就包办一切，应多提供让孩子自己动手的机会。同时，父母还要在生活中寻找机会，提升孩子的能力，让孩子感受到自己能行。这样，信心就渐渐地建立起来，孩子会摆脱依赖性，增强自我教育的能力。

（2）父母要努力培养孩子的自尊心和上进心。自尊和上进是个体不断追求发展和进步的内在动力。有了较强的自尊心，孩子就会不断挖掘自己的潜能，向着最佳的方向自我发展。苏霍姆林斯基曾指出，自我教育需要有非常重要而强有力的促进因素——自尊心、自我尊重感、上进心。当父母们苦口婆心地培养孩子好习惯的时候，不妨先给孩子一些自尊和自信，也许父母会发现，其实磨刀不误砍柴工。

（3）父母需要做的，是帮助孩子准确地认识自己。"自我教育的基础是自我认识，自我教育首先从自我认识开始，没有自我认识，自我教育就无从谈起"，这是邓小平同志关于自我教育理论的重要观点之一。他说，"每个同志都要下决心把自己的思想作风整好。首先好好地认识一下自己，看看自己的思想意识有无毛病，毛病在什么地方，然后才会决心改造自己"。

要让孩子进行自我教育，父母应该帮助孩子确立一个行为标准。这个标准不是父母给孩子树立的，而是应该在父母的帮助下由孩子自己树立。标准的高低取决于孩子对自己的准确认识。一个人如果不能客观地认识自己，对自己的要求也有可能或者太高，或者太低。如果对自己的要求太高，可能会没有力量达到标准，因而内心气馁；如果对自己的要求太低，则失去了向上的动力。所以，我们常说，对孩子提出要求的时候，要让孩子"跳一跳，够得到"，就是这个意思。

（4）父母要教会孩子进行自我评价。自我评价是自我教育的一个重要形式。自我评价就是要让孩子按照自己的目标或者是父母、教师的要求来评价自己的行为。自我评价是自我教育的重要环节，孩子在自我评价的过程中，会认识到自己的缺点和不足，并进行自我反省，从而强化自我积极的行为，克服消极的习惯行为。评价自己和认识自己是相辅相成的，评价自己的过程也是认识自己的过程。反之，正确地认识自己才能更好地评价自己、反省自己。在这方面，父母可以进行一些具体的操作，比如，和孩子一起设计行为评价表格，每天和孩子一起在表格中对自己的行为进行评价等。有的老师帮助学生采取"自我教育周计划"，并指导学生们用今天的反馈来矫正明天的行动，进行自我调控。还有的老师指导学生进行分层的自我教育，帮助学生提出了各层次的目标，和学生们一起商量达标的重点、难点及达到各层次的措施。这样分层进行自我教育，使学生明确了自己的每一天在做什么，或者将要做什么。这种做法，教会学生和自己竞争，对调动学生的主观能动性和内驱力、开发自我潜力有很大帮助。

（5）自我教育不是放手不管，父母要给孩子恰当的指导，把教育和自我教育结合起来。孩子毕竟年龄还小，习惯培养又是一个长期要进行的教育工作，因此，父母要给予孩子适当的指导。要把道德认知和道德情感、道德体验结合起来进行，发现孩子好的行为，父母要及时鼓励，当孩子身上出现了不良习惯，父母要及时帮孩子认识不良习惯的危害。这样，才能不断提升孩子的思想道德认识。此外，在孩子进行自我评价的时候，父母也要及时参与，不仅让孩子进行自我评价，家庭也要及时对孩子的行为进行评价和监督，这样才能帮助孩子更快地养成好习惯，矫正不良习惯。

网络点评

非常幸运能看到冉老师的博客，让我对教育子女和自我教育的认识有了质的变化。也非常敬佩这位优秀的母亲，把对子女的关心和期望这么细致地写出来，让我们受益良多。谢谢冉老师！谢谢这位优秀的母亲！继续关注你们的通信。

——山涧清泉（网名）

第 29 封 来 往 信

宁 静 才 能 致 远

——家庭教育要自觉抵制市场经济的负面影响

亲爱的孩子：

用定力去生活。

今天又是一年的最后一天了，看到你的头发黑亮起来，你的肤色红润起来，看到你像早晨八九点钟的太阳冉冉升起，越来越有生命的内在活力，妈妈有点开心，这证明妈妈做的三餐饭菜还可以。另一方面妈妈在想，你的心理和智慧成长与身体成长同步了吗？

孩子呀，芳龄二八，意味着什么呢？意味着你即将步入成人群体，不再是少年，不允许重复犯错，应该对自己说的话言而有信，对自己的行为后果担当责任。西方要给成人洗礼，行礼时，主礼者口诵经文，把水滴在受洗人的额上，或是受洗礼人的身体浸在水中，表示洗净原有的罪恶，也表示成长中的磨炼与考验："没有高不可攀的山峰，既然有山峰，就会有人攀"。要说一个人一生中最难征服的困难，就是自己的自卑和懒惰。因为自卑，所以我们懒于争取，望洋兴叹；因为不去争取，所以会更自卑。了解自己的无知而又不奋起的人，是不幸中的不幸，那种不幸，自己感觉不到，就更为不幸。这样的人认为生活是一种负担，总是陷入彷徨、郁闷中。知己而又能省己，有勇气冲破枷锁的人，才是自由鸟。远方的召唤战胜了天性的怠惰，使翅膀在风雪中接受大自然的洗礼，身心在跌打中刚强，品味到一种美好的过程后，就会迈向希望的高峰。

人身上具有一些人性的弱点并不可怕，可怕的是连挑战弱点的勇气都没有。这些弱点就像定时炸弹一样潜伏在身上，随时可能发作，在你通往成功的道路上不断作祟。但应该相信，如果命运在你身上安置了一个弱点，就一定留给你一个克服这个弱点的方法，而且要始终相信，自己一定可以克服弱点，取得更大的成就。拥有了积极的心态，拥有了挑战弱点的自信，你就走出了成功的第一步。

女儿，你行走在地球上已有16个春秋，也可以说是一种收获，因为你战胜了各种疾病，获得了健康；战胜了幼稚无知，获得了一些生存常识（童年、少年时代更多是长身体，养习性）。但步入青年时代，更多拥有的是智慧、品德、才能。当你呱呱啼哭地来到这人世间的第一天，苍天就赋予了你一生的使命。

你现阶段的任务就是学习。"你知道学习是个什么事？学习是'心如止水，宁静才能致远'这样一件事儿。你看，在一个非常平静的湖面上，哪怕掉下一片树叶，也能荡起无限的波纹，长久地消散不去；但是在一个浊浪翻滚的湖面上，你就是抛下一块大石头，溅起几朵浪花，也能立即被浊浪给吞没了。学习是细活、静活，要有定力才能做好的一件事。不管现在学得怎么不扎实，应该是暂时的。不能抱怨，而应该反思"。

女儿，要有自己的定力，必须学会开心、放松、专注。

一个人首先要开心，如果连开心都做不到，那其他什么也谈不上了。有人说，有些时候为了达到某个目标而暂时忍耐痛苦，虽然不开心，但是也很有意义。其实，为了一个目标而忍受的一些东西，并非是不开心，他可能是身体上苦一点，情感上孤独一点，但是他的内心，因为有希望在安慰和召唤他，终将开心。真正的不开心，是对自己的彻底失望、被动的屈辱和内心不可挥散的空虚与恐惧。

没有谁愿意不开心，但为什么还有太多的人拥有很好的生活，依然不开心呢？其实，开心与否更多时候不是与事情有关，而是与你的心境有关。快乐与其说个性使然，不如说是一种素质和能力。快乐需要一个豁达的心胸、乐观的心态和足够的安全感。不为一些不好的事情耿耿于怀，而能够迅速地从委屈、伤痛中恢复，不为过去所累，不为未来而忧，活在当下，不为过多的杂念所累，能够自我悦纳、自得其乐，自然滋生出内在定力。

学会放松。在妨碍人类潜能发挥的诸多因素中，紧张应该是比较突出的一个。人在放松的状态中，思维是开放而且活跃的，而在紧张中是封闭而僵化的，就好比在台上演讲，放松让人侃侃而谈，而紧张让人结结巴巴。为什么会紧张？一是因为太关注当前的事情结果带来的负面影响，二是做一件事心中没做好准备。每天处理一个难题，从不懂到懂，从不能独立完成到能独立完成，这就是一种进步，心中自然有小喜悦，心情自然会放松。积累这种小进步，就会有大进步。平日看似紧张兮兮，但实际上用不下心去。往往用90%的时间来关注问题，却只用10%的时间来解决问题，关注越多，压力越大，精神上已经"苦"的不行了，行动上还没有开始，到最后不做不行了，只好草草了事，后来自然也长出紧张来。

妈妈渐渐发现你成长的轨迹。这次月考比上次有进步，你告诉妈妈自己的英语成绩稳中有升的原因是：自己的听力较好，词汇量一天天在增，能自觉找一些东西来阅读，单选失分较多，日后要注意句型的积累。理化这次考得不好，你知道拿试卷自己分析，落实到具体的每道题、每个知识点上去……让复杂的事情变得简单，简单的事情重复做，变得有价值……成熟的一点一滴都储存在妈妈的大脑了。但妈妈认为，最阻碍你进步的是定力不够，吃苦不够。

弥散的阳光算不了什么，而如果用凸透镜把它凝聚起来，则可以使物体燃烧。人的精力也是如此，散散慢慢，浑浑噩噩，一天天过去，什么进步和变化也没有，但是，心系一处，持之以恒，就会创造出让人惊讶的成绩，那些让我们尊崇的人必定是善于集中精力的人。

妈妈认为一个孩子不经历高考洗礼，人很难成熟（像又酸又涩的青苹果，难以成为挂在枝头又香又脆又甜的红苹果）。高中三年好比唐僧师徒四人过火焰山，在火的洗礼中铸造出你坚定的信念，大学四年又像南极考察队去南极建设中国考察站，经历冰雹严寒的再次洗礼。只有将来工作了，生活的节奏才能稍缓下来，走上一马平川的人生大道，就像美丽多姿的瀑布流入了河谷。高考可以看作一场自我解放的战争。你应该明白学习的过程就是一个"苦到尽头方知甜"的过程。一个班里真正幸福、快乐的学生，就是那些学习很好的学生，最痛苦的恰好是那些想学习但又学不好的杂念多的学生。学习好的学生为什么快乐呢？因为他们吃尽了别人没法儿吃的苦，做到了别人做不到的事，所以他们得到了"苦到尽头方知甜"的感觉。而且这种快乐是金钱换不来的，是其他的快乐没法儿取代的，它是人生最高层次的一种享受和快乐。如果你现在觉得学习很苦，那恰好说明你没有苦到一定程度，你真的吃到一定程度的苦，那么剩下的就全是快乐。一旦进入到学习状态，你会发现学习原来是如此令人激动、如此充实、如此快乐的一件事。不学的时候，觉得学习很枯燥，一旦投入学习，反而没有百无聊赖的感觉，有的只是奋斗带来的乐趣与激情。而且只要你吃尽这一阶段的苦，你就获得了快乐人生的基础。

　　妈妈下面引用当今最优秀的名师如何激发学生学习数学的文章给你，相信你一定感兴趣。

　　我记得有一年，有个高一的学生找到我，说高一数学学得很一般，希望我能给他点拨点拨。他就拿着一套卷子来到我办公室，上面有一道题是：$y = \sin^2 x + 3\sin x \cos x + 4\cos^2 x$，求这个函数的最值。

　　我一看高一的学生，连这个题都不会做，可见他的水平太一般了。这个题我几句话就能给他讲明白，但我不能光给他讲这个题，而是考虑这个孩子的问题出在哪儿，否则同样的题他还是不会做。

　　我就问他："降幂公式会吗？"

　　他说："不知道。"

　　我心想今天是碰着"高手"了，我继续问："三角函数的倍角公式你会吗？"

　　他想了想："没有印象了。"

　　我继续往回推："两角和与差的三角函数你会吗？"

　　他想了想："$\sin(\alpha + \beta)$好像等于$\sin\alpha\sin\beta + \cos\alpha\cos\beta$。"

　　我都想跳楼了，一个高一的学生，两角和与差的三角函数都记不住，还有什么可说的？但是我这个人也比较固执，我一般要帮的学生，他再怎么差，我也要把他帮到底。我想今天豁出去了，我非要把他不会的根源挖掘出来，继续往回退，问他："任意角的三角函数定理，你知道吧？"

　　他说："不知道。"

　　再往回退，一直退到初二的内容上："锐角三角函数的定理你知道吧？"

他说："老师，您能不能说得具体一点儿？"

我说："在一个直角三角形里，那个 $\sin\alpha$ 等于什么？"

他眼睛一亮："$\sin\alpha$ 等于对边比斜边。"

我说："就是它。"又问："$\cos\alpha$ 等于什么？"

"$\cos\alpha$ 等于邻边比斜边。"

"$\tan\alpha$ 呢？"

"等于对边比邻边。"

我总算松了一口气，说："孩子，你太厉害了，你竟然连这个东西都记着，就从它开始。"

我为了把这个学生的问题解决，一直给他退到初二的内容了，从初二开始讲起。

我说："跟着我想，我们要把这个直角三角形平移到直角坐标系下边，你看那个斜边成了直角坐标系下的一个角的终边，那么你说，$\sin\alpha$ 等于什么？$\cos\alpha$ 等于什么？"

他一想，于是就出现了任意角的三角函数定义，然后用任意角的三角函数，我引导着他派生出同角三角函数间的基本关系、平方关系、商数关系、倒数关系，这些都是他自己推导的。我继续引导这个学生往前走，结果在我的引导下，用了两个小时的时间，这个学生竟然从锐角三角函数定义开始，把他高中学过的所有的三角函数的公式全部推导了一遍。我在旁边看着，他的鼻尖上都冒汗了，状态非常投入。

我说："今天这个课就上到这儿吧，我看你这两个小时把三角函数的内容全给搞定了。"

他吃了一惊，问："老师，多长时间了？真的是过了两个小时了吗？"

我说："你看看表，咱们从八点开始，你看现在都十点多了。"

他说："老师，原来学习这么好玩！我学了这么多年数学，也没找着一次这样的感觉，这两个小时我怎么把三角函数全给搞定了？"

我笑着问："现在三角函数的公式还需要记忆吗？"

他说："不需要记忆，我现在绝对能记住。因为我都会推导它了，我还怕它吗？"

在理解的基础上，加以记忆，这是一个很好的办法。碰到记不住的公式，自己推导一下，就算考试时一时想不起来，现推都来得及。而且你推导过几次，那个公式就逐步成为你永恒的记忆。

"淘尽黄沙始得金，苦到尽头方知甜"，这是亘古不变的道理。

祝愿女儿：生日快乐，新年新气象！

永远爱你的妈妈

2009年12月31日

家长朋友：

读了你给孩子写的将近4 000字的信，我有三点感触最深。

在名师引导下，这个学生竟然从锐角三角函数定义开始，把他高中学过的所有的三角函数的公式全部推导了一遍。

首先，我为这位老师的执着而感动。执着是教育者的重要品质，因为教育本身是一种潜移默化，是不可能立竿见影的事情，教育者就必须具备执着的品格。

其次，他很重视调查研究，搞清楚学生究竟从何处开始出现"断层"，再去解决问题。

再次，他有科学的方法。比如，"以学定教"。他在摸清楚学生从何处出现"断层"，就以此确定教学内容。另外他运用了类似苏格拉底"产婆术"的方法。这种方法的特点是，教师要做学生思想、智慧诞生的"产婆"，而不是替他去"生"。这种方法的第一步是讽刺，教师装作什么也不懂，向学生请教，尽力让学生发表意见。然后让学生发现自己认识中的矛盾、思想的混乱，进而开始怀疑自己原有的认识，迫使自己积极地思考，努力寻求问题的正确答案；第二步是"引产"。"引产"的作用是在学生发现自己认识的混乱，否定了自己原有认识的基础上，像产婆接生似的，一是引导学生走上正确的道路；二是引导学生依靠自己的归纳、体悟，从而一步步得到真理性的认识。

这封信还引起我对"'60后''70后'家长如何教育'90后'孩子？"的思考。

"90后"孩子，成长在开放改革的大好时代，但是市场经济的负面影响难以避免，尤其是在大家没有警惕的时候。例如，"一个难以否定的事实是：在现代社会，媒体透过高新技术和生活方式，已经建立了它如此巨大的影响力，以至于形成了自己的文化霸权和文化暴力，在生活方式乃至价值观的引导方面，媒体的力量比学校要强大得多。然而，另一个令人担忧的事实是现代媒体的文化水平，从节目主持人到记者、编辑，远不足以担当年轻人人生导师的角色。更何况在相当多的情况下，媒体直接受自身利益的驱使与诱惑，而根本不知道自己的严肃的文化任务。在这个情况下，教育担当的文化任务更为繁重。因为它不仅要有足够的力量建构意义世界，而且在开始建构之前，更艰难的任务，往往是首先要动摇世俗媒体所宣扬的那些富有鼓动性、但事实上又是错误的生活方式与价值观"（参见樊浩：《现代教育的文化矛盾》，载《北京师范大学学报》2005年第4期）。

在这种情况下，一个家庭要去"动摇世俗媒体所宣扬的那些富有鼓动性、但事实上又是错误的生活方式与价值观"是非常重要，然而绝对是异常艰难的。不过，为了孩子的健康成长又不能不做。我相信您和网络上的所有家庭教育积极分子必须承担，而且一定能够完成好这个任务。

您的朋友 冉乃彦

2010年1月4日

相关链接
家庭教育要自觉抵制市场经济的负面影响

记得小的时候，我们家有一个家规——每顿饭必须是父母吃第一口。当时我由于年纪小、不懂事，嘴又馋，总想抢先吃，常常被哥哥姐姐批评、制止，因此我对这个家规印象很深。我认为这是一个很好的传统，这个传统不仅体现了对父母劳动的尊重，更重要的是继承了中华民族长幼有序、尊敬长辈的好传统。我曾经在北京市朝阳区一个家长会上对此事做过调查，当时有46％的家长表示"我们家保留了这个传统"，但近几年的调查发现，保留这个传统的家庭越来越少。

在当前，这种家规有没有必要呢？我认为非常有必要，不仅是因为它本身是好传统，更重要在于它是家庭抵制市场经济的负面影响的有效措施。

我国的社会主义市场经济的深入发展，不仅使国家更加富强，而且丰富了每一个人的思想，也为孩子的成长提供了更加广阔的空间。但是还应该看到，市场经济的负面影响，也正在不知不觉地冲击着家庭生活，使家庭教育出现许多新问题。如果不能自觉地认识到这个问题，不能坚持我国家庭教育中的优良传统，自觉抵制市场经济带来的负面影响，必将给家庭教育造成越来越严重的隐患。

家庭是社会的细胞，家庭教育的成功不仅意味着全家和个人的幸福，也是国家强盛的基础。只有优质的家庭教育，才能带来国民素质的整体提高，保证社会的安全和稳定。

当前，家庭应该怎样做呢？

一、坚持"做人第一"教育，抵制金钱诱惑

市场经济追求效益最大化，追求利润最大化，也就是在市场经济当中，钱赚得越多越好。但是我们应该清醒地看到，我国在经济领域内推行市场化，并不是要把市场经济的理念应用在一切领域，变成社会市场化、家庭市场化。

在家庭中，应该把"做人教育"放在第一位，明确地反对拜金主义，抵制金钱诱惑。有的家长觉得这样做根本行不通，认为家庭是社会中的一个细胞，整个社会充斥着"没有金钱是万万不能的"看法的时候，怎样能够让孩子理解做人应该是最重要的？

其实，这两者并不绝对矛盾。家庭和社会，各有各的规则。经济领域遵循着市场经济契约关系的规律，家庭领域则应该遵循亲子教育非契约性的亲情关系规律。《曼哈顿的中国女人》的主人公周励，是一个成功的企业家，她曾强调企业家"头脑是商人的，而灵魂绝不可以是商人的"。

人的成长有自己的规律，人是有动机、目的、理想、信念的动物，做事是依据做人的方向、原则展开的。按照我国家庭教育朴素的提法，就是"先学做人，后学做事"；如果反过来做，尤其是在当前，如果忙于"学习赚钱""做事赚钱"，就会不知不觉地把经济领域追求利润的理念，变成做人的方向、原则，到头来，家长会发现，主观上是"望子成龙成凤"，事实上却并非这样。

二、坚持知恩、担责教育，抵制自私自利

责任心的培养，应该从关爱的感情开始，家庭是一个生活的温馨港湾，在这里恩情最丰富。在家庭中，培养了孩子关心、热爱亲人的感情，谴责自私自利，将来孩子才可能有对国家、人类关心、热爱的感情。

但是，感情不能自然地变成责任。为什么父母对子女的关爱，往往比孩子对父母的关爱强烈？那是因为父母在对子女的关爱行为中，看到自己劳动在孩子身上结的果实，有了深刻的体验；而孩子如果没有对父母关爱的实际行为，没有在父母身上结的果实，没有体验，感情就不可能强烈。

因此，要使孩子有责任心，就需要通过实际行动进行知恩、担责教育。现在父母对子女的关爱，往往是不求回报的，这虽然是一种朴素、善良的感情，但是从教育子女的需要出发，则必须让孩子懂得感恩、报恩，不然，孩子们会误以为父母对子女的付出，没有

什么了不起。不仅是对父母感恩、报恩，而且还应该对社会、人类，一切帮助过自己的人懂得感恩、报恩。感恩、报恩，不能仅仅在口头上，要有具体行动，在行动中培养责任感。

感恩还要有行动，就是孩子应该自己做一件力所能及的事情。就以吃饭为例，连幼儿也可以把摆筷子作为自己的一种家庭责任。让孩子从小就意识到：能力可以有大小的区别，但是责任每个人都有一份。

三、坚持自主合作教育，抵制放纵、任性

市场经济有助于人们形成自主意识，这对于社会发展和人类进步都是有意义的。但是不应该把自主和合作对立起来。真正的合作，一定是两个自主的人才能做到的；而真正自主的人，一定深深懂得合作的必要性。

在家庭中，要培养孩子既能自主、又能合作的意识和能力。确切地说，是在父母子女合作过程中培养孩子的独立自主。例如，在全家大搞卫生的过程中，培养孩子的责任感和独立工作能力；在学习型家庭中，全家人共同讨论一本书，齐心出版一本家庭方面的杂志，在这个过程中，不但孩子的合作意识和能力得到提高，自主的意识和能力也会得到提高。

现在有的家长对自主意识、独立人格有误解，把孩子的任性、想干什么就干什么，当作自主意识；把对孩子的放纵、娇惯当作在培养孩子的独立人格。其实，任性的孩子是最不能自主的人，一个连自己的性格都管不住的人，还能叫自主？放纵、娇惯的结果，只能够使孩子自以为"老子天下第一""窝里横"，成为人见人嫌的"霸王人格"。

我国的儒学理念已经深入到每一个家庭，"和而不同"就是最好地体现了自主与合作的精神。在处理家庭、邻里关系上，人们世世代代遵循着"和为贵""与人为善""己所不欲，勿施于人"的理念，过去、现在和将来都会对人类产生越来越重要的影响。

家庭教育要做到自觉抵制市场经济带来的负面影响，千万不要

埋怨社会环境，更不应该把气撒在孩子身上，关键是家长提高自己的认识。在这个问题上，也是"堡垒最容易从内部攻破"，所谓内部，首先是指家长的内心世界，自己对市场经济的负面影响没有清醒认识；其次是自己是否善于处理好家庭内部应该坚持什么、抵制什么。

家长提高自己的认识肯定要克服许多困难，但是想一想自己的责任，想一想对孩子的期望，每一位家长都会心甘情愿地去做。在此，我引用一位家长的名言与更多家长共勉：要想孩子好好学习，家长必须天天向上；要想孩子天天向上，家长必须好好学习。

网络点评

这个妈妈对女儿的爱心、细心、耐心和坚持，以及伴随女儿成长一直学习的品质，是多么的可贵！她的所有书信就是妈妈如何和女儿沟通的一本很好的教科书，谢谢冉老师对我们做父母的谆谆教导！

——好好(网名)

冉老师，非常荣幸能得到您的帮助，谢谢您！昨天孩子写了一篇"感恩……"的作文，文中说他感恩父母的养育，他渴望父母理解，他知道父母是为他好，但希望能与父母平等。我反思自己，其实孩子这段时间已很努力，只是我对他的期望太高，给他的压力太大，尊重是化解逆反的良药。

——快乐像风筝(网名)

如果所有的老师都像这位母亲一样，那作为家长该多么幸福啊！我儿子有一天去问他的老师：我画的图好吗？老师的回答是：你画的是个屁！孩子那一天回来情绪很差，作业也不想写，很长时间才对我说："妈妈，我不想学了，学了也没意思……我今天和同学说的时候，他们都用同情的眼光看我，好像我很可怜……"我真的不知道该对孩子说什么才好，我为孩子碰见这样的老师而担忧，只好说："老师可能正心烦呢，不过你不要在意别人说什么，做自己的，学好学坏都关乎你自己，妈妈始终看好你的……"半天才看见孩子露出点笑容。

——彩虹之巅（网名）

　　爱因斯坦小学四年级的时候，在美术课上画鸭子，老师把爱因斯坦的画向全班展示，讥笑地说："你们见过世界上有这么难看的鸭子吗？"爱因斯坦自信地拿出自己的第一张画，回答说："我第一张画得更难看"。请把这个故事讲给孩子听，他如果理解了，也可能成为爱因斯坦。这两位老师说不定已经"消灭了"多少诺贝尔奖获得者。不过，他们消灭不了爱因斯坦。这里面有没有一些道理？

——冉乃彦

父母是孩子最好的榜样

——继承中华民族家庭教育中的优良传统

冉教授：

您好！

有段时间没有与教授联络了，请原谅！

佑于教授的启发，我认识到：身教远胜于言教，行不言之教才是真教。在这未与您联系的九个月里，我不再唠叨女儿，也不多说一句她父亲的坏话，专心备考全国会计师资格考试，除了上班，就是一天做好三餐饭、洗衣、搞卫生，剩余时间用来看书、做习题。今年终于顺利通过了全部科目的考试，拿到了会计师资格证书。

意想不到的事发生了，女儿首先祝贺我："妈妈不错"！在我额头亲了一下。女儿早上不用再催，自己会早起去学校放声诵读，英语和语文兴趣越来越浓，成绩稳中有升；她父亲虽然仍是不以为然的样子，但坏毛病也收敛了一点……

其实不是孩子不好，而是自己不好。说错了许多话，做错了许多事，才会有不好的结果。若母亲爱学习，温良、恭敬、向善，孩子也会向你奔去……

教授，我写给女儿的信，恭请看看，点拨点拨我，好吗？真诚地谢谢您！

可爱的孩子：

有天晚上妈妈告诉你，不懂的问题可问同学，问老师，千万不可堆积。从问题中学习是效率最高、进步最快的，解决一个问题就是向目标又挪近了半步。你可知道你是怎样回答的？"只要我拿题目去问，同学开口说'这么简单都不会，上课没听呀！'我马上很气愤，凭什么这么说我？我气得扭头就走。我才不像悠悠同学，人家不愿教她，她还笑容可掬地和别人套近乎，黏着让同学教她；同学叫她走之后，把做题推演过程丢在她脚边，她也会开心地拾起……"女儿，妈妈听了之后屡屡有阴云袭上心头。孩子，你拥有悠悠同学这么气定神闲、谦卑做人、执着求慧、待人处世的态度吗？若有，妈妈做梦也会笑醒——何愁你不成长心智？

女儿呀，每一个古代圣哲都是普通人历练出来的，圣人求智求慧有三个法宝，第一个法宝就是谦卑，第二个法宝是有定力（耐心、恒心、静心），第三个法宝是知耻。你身上具备这三种品质，做学问想不成功也难。今天，妈妈就说说谦卑吧。

妈妈深切地记得外公在我考取重点高中时说："满招损，谦受益，谦虚纳百福"，百尺竿头，更进一步！在《论语》中，我们知道子路是一个很率性而为的人，也是一个很真诚的人。孟子评子路："闻过则喜"。子路身上具备谦卑的品质。要做到这点容易吗？常人要么是"闻过则怒"——你说我坏话，说我的过错我就很生气；要么设法找到借口，找到理由：这不能怪我，要怪别人，推卸责任。再说大禹吧，"禹闻善言则拜"（孟子评）。只要别人有真诚心（不管好话或坏话）告诉他，禹都会拜谢！没有谦卑品德的人能做到吗？还有舜，"大舜有大焉，善与人同"（孟子评）。舜是帝王吧，仍然是看到别人身上有优点，就学过来，并加以实践，当别人夸奖他时，舜就会说不要奖励我，这些都是跟踪你模仿着学来的；舜帝所主张的策略不是从自己口中说出来的，都是由他的臣子口中说出，（其实舜帝心底有谱，有海纳百川的情怀使然）所以舜帝到哪都受欢迎，古有记载："一年而所居成聚，二年成邑，三年成城"。谦卑源于真诚了解自己的真实状态。谦的反面就是盈，要知道春夏秋冬交替，风水轮转，有少年得志的，有大器晚成的，不可以瞧不起别人，也不可以自视卑贱。什么季节开什么花，"三人行，必有我师焉"，别人用话刺激你，你马上就会生气，把自己的目标都忘得干干净净，女儿，这样你值吗？妈妈待人做事就持一种态度：不管别人损我誉我，不管别人是对是错，一定要求自己先做正确。坚持自己正确的方向，有收获，能成长就很开心。福田是要用自己的心灵去耕耘的。自己有点长处胜过别人是很平常的事，没有什么可骄傲的。谦卑不是说你有修养才谦卑，谦卑是正常合理、实事求是的做人做事态度。"有功而不伐"，老子曰，做到我有功而不自夸，否则功劳变成障碍，恃功而居，就得不到别人的支持，交心的朋友自然少，你成长进步的助力就会少，何况你正处在长才智的阶段呢？

孩子，妈妈还听你说："我去问老师，若老师有烦躁的表情或是老师先说几句不好听的话，随后又连珠炮似的讲解一遍，我仍不懂……我不会去再问，宁愿自己琢磨。"妈妈听到这些，就自然回忆起每次家长会之后，数理化老师都会提醒我的"你女儿，很少来问问题"，自然跟老师不是很亲近了，这点真让妈妈担心。孩子，你要知道师心就是父母心，每次老师提醒我，这说明什么呢？老师有颗真诚爱你的心呀，天天期盼着你进步！你怎能这么小家子气，无胸怀、无格局呢，连老师的一点情绪都容不下呢？（想象一下，若没有观世音的紧箍咒，孙悟空能帮助唐僧去西天取到经，造福中华龙的子孙吗？孙悟空自己能由猴变佛吗？）人不会在流动的水面照自己的身影，而要在静止的水面照自己的身影，只有静止的东西才能使别的事物静止下来。所以你自己先心平气和、谦卑恭敬，爱惜老师的精力、时间。那如何做，才能收到此效果呢？一般情况下，问老师不能一个一个题去问，这样让老师全盘讲一遍，效果肯定差，每次问老师可以仅问一个点。一个点、一个点地去问，这样每次问老师占用的时间虽然很少，但效率很高。例如，这道题你不会做，你可以试着做一遍，就是没把握，做错了你也写上去，然后让老师给你找错误点，（老师检查速度一定比你快很多倍）找到问题之后，恭敬地听老师剖析。慢慢退出老师办公室，有空闲时再在头脑中演推一遍，或手中有纸笔时，完整地重做一遍（这是必须的），悟出新的更快捷的思维方法时，再用新方法做一遍验证，下次问老师问题时，又让老师检查一次，若得到老师的肯定，不是又进步了一层吗？对那些读题时头脑一片空白的题目，又如何处理呢？（说明该题内藏的知识点你已全部忘记）该科拔尖的同学全是你的"小老师"，你可以先问同学，做到像悠悠同学那样不达目标不罢休，弄懂之后找找相关章节的课本仔细阅读，把该章节对应的练习，特别是出错率高的试卷拿来重做一遍，脑子里对该章节的内容，达到重新记忆理解的目的。之后自己就可找一些该章节的题来加以演练巩固。我相信经过这番耕耘之后，再碰到此类题时一定不再是大脑一片空白了，就剩下几个点卡壳了……这时你就可以去请老师点拨。孩子，千万千万别生老师的气，要知道：一念憎心起，千重障门开。这重重障门如山一样阻挡你前进的步伐，将你原本亲密的师生之情隔膜起来。你可记得小玉阿姨说："视老师为父母，一不懂就去问，我儿子就是视老师为父（他父亲过世了），常是恭敬地去问，不管老师待他如何，自己都不生气，老师就会被赤诚所动，慢慢地师生情同父子，后来老师一旦有想不出来的题，还会叫我儿子一起来探讨，只要对学生有帮助，有什么可以让代劳的事，都会放手让我儿子去做……师心同父母，我又没有工作，苦难一次次降落到我家，我终于撑过来了，摆谢师酒时，所有老师送的礼一一退还。"

格局放大，问老师不仅可问本班的任课老师，同年级的同一学科的任何老师都可问，懂得见缝插针、见机行事，只要你谦卑恭敬、好问勤思，每位老师都会爱你、助你、提携你。

曾子描述颜渊时，说这位学长"有若无，实若虚。"意思是说颜渊，"有学问却像没有学问，内心充实却像空无一物。"先具备真才实学，或者先修养了高尚德行，然后才有资格谈谦虚。这种观点在《易经》的谦卦中，清楚地展示出来。谦卦的卦象是"地山谦"，地在上而山在下。山的外形壮观高耸，但是现在屈居在平地之下，从外表上根本看不出来。人们看到平地，一望无际而没有压力。"地"有温柔顺从的特性，并且可以孕育万物；至于"山"，在古人心中代表难以跨越的障碍，所以它的象征是停止或阻止。现在，山隐伏在地之下，不是更让人觉得可以亲近也可以称颂吗？

《易经》谈到谦卦时，特别从四方面加以肯定，原文是："天道亏盈而益谦，地道变盈而流谦，鬼神害盈而福谦，人道恶盈而好谦。"说得更清楚些，这句话的意思是"天的法则是减损满盈者而增益谦卑者，地的法则是改变满盈者而流注谦卑者，鬼神的法则是加害满盈者而福佑谦卑者，人的法则是厌恶满盈者而喜爱谦卑者。"在此，所谓的法则，是指运作的规则以及最后的结果。因此，谦虚的人不是时时刻刻受到福佑吗？在每一方面都获得帮助吗？所以说，谦虚纳百福。

山隐伏在地之下，有一个好处就是：表面是平地，所以不必比较底下谁的山比较高。因此，如果人人皆谦虚，则人际相处也必然和乐融融，不用争长竞短，徒然造成烦恼与是非。真正要做到谦虚，必须先具备卓越的条件，亦即趁着年轻时努力上进，并且像孔子一样，以"好学"自许。孔子自认比别人更好学，这种想法依然符合谦虚的原则，因为"好学"表示自己有所不足，而不是想要凌驾在别人之上来夸耀自己。孔子进一步说明谦卦的内涵，他认为，劳苦而不夸耀，有功而不自认为有德，真是忠厚到了极点。这是说那些有功绩依然谦虚待人的人。德行要讲求盛美，礼仪要讲求恭敬，而谦卑正是使自己恭敬以至于成长的坦途啊！

爱你的妈妈
2010年9月23日

教授，还请您方便时指导。

慧灵
2010年9月23日

家长朋友：

读了你的来信和写给孩子的信，感到很有收获，因为这就是一篇讨论谦卑的内容丰富的专论。不知道孩子读了后有什么感想？

针对孩子的困惑，我对谦卑也发表一点看法，作为补充。

一、首先要还原谦卑的含义

过去社会上（包括我）习惯的看法是，谦虚的虚，近乎虚伪；卑则等于岁，引申为道德低下，其实这不是我们要提倡的谦卑真正的含义。还是你说得对——"谦卑源于真诚了解自己的真实状态"。应该说，谦虚是指虚怀若谷，胸怀是自己"空出来"的，大得像山谷，而不是自满（自己填满）；卑，只是所处位置低下，并不是劣或者道德低下的意思。

二、我们应该不应该谦卑呢？

我认为，谦卑就是实事求是。因为任何一个人都不可能掌握全部知识和真理，任何一个他人都有你不具备的东西（世界上每一个人都是独特的）。因此，要学大海，它为什么会"海纳百川"？不只是因为它大，还因为它低！只有低，所有的水才往大海流。站得高，自然看得远；但是站位低，就会得到的多。这两种比喻，各有各的哲理。

社会上流行一种"示弱"的做法。我认为要做分析：一种是心中觉得"我比你强"，只不过为了各种目的，装出来"我比你弱"的姿态。我认为这是虚假，不应该提倡。另一种是真正认识到自己的不足，需要老老实实向别人学习，表达的是实事求是的态度，这种"示弱"是应该提倡的。

三、谦卑和自尊有没有矛盾？

所谓自尊，就是追求自我价值，"90后"追求自尊，弘扬个性，这是优点。问题是追求的究竟是什么价值？如果是虚荣心那种表面价值，又是不应该提倡的。回到谦卑，如果目的是发展自己为人类服务的本领，又认识到自己许多都不知道，虚怀若谷、谦卑地去请教别人，就非常有价值，就会不耻下问，就会闻过则喜。这样的人其实非常有自尊。

过去小学徒的"偷艺"，忍受"胯下之辱"，肉体和精神都受折磨，但如果目的远大，有正确的追求，在那种特殊情况下，正是有自尊的表现。

现在，年青一代为了承担历史重任，的确需要克服种种困难去学习。所以我非常同意你的主张——培养谦卑态度。

您的朋友　冉乃彦

2010年9月29日

网络点评

我的感觉只有自卑，没有谦卑。

——南山(网名)

我认为，自卑是过低估计自己，而谦卑是实事求是。卑，没有坏的意思，只是不把自己看得过高。

——冉乃彦

嗯，做人低调的道理还是知道的，但什么也不要过于低调。

——南山

非常同意你说的"也不要过于低调"。我原来也想补充这一点，即徐悲鸿说的："人不可以有傲气，但不可以没有傲骨"。这样才比较全面，不走向另一极端。

——冉乃彦

看了受益匪浅，转了，留着和儿子一起学习。在孩子成长过程中，一定会遇到这些问题的。

——糖果(网名)

在辅导孩子的身心成长方面，老师往往有心无力，所以还是要家长自己根据孩子的性格与成长环境因材施教。虽然全世界都在倡导男女平等，但我个人认为，男孩需要魄力与担当，女孩需要温柔与贤淑。

——moon紫眸(网名)

我认为，男女平等，不等于相同，男女各有不同的优势。男女主要是人格的平等。您前面谈的"家长自己根据孩子的性格与成长环境因材施教"。非常实际，很同意。

——冉乃彦

这位妈妈很有才，但是教育女儿用这种口气，只怕起不了很好的作用，我主张在孩子面前示弱要比示强好。我喜欢把女儿高高举起，仰慕着，欣赏着，鼓励着。

——ゞ子兮(网名)

同意你的高见，甚至有时候要请教着。

——冉乃彦

教育要做到有形无声，好难好难。那个等待的过程是相当难受的。这位妈妈是做到了这段时间的等待，不简单啊。

——ㄟ子兮

第31封来往信

生活原来是这样的

冉教授：

您好！

首先谢谢您还牵挂着我，我还可以，虽然是在不停地找工作，不停地换，但是不会太糟。我父亲今年72岁，是位医生，但不怎么懂教育，人比较缄默，不善言谈。但您不同，若不介意的话，我愿认您为教父。

女儿已经大二，在本科师范类学院就读，女儿高考结束后，我就放弃了12年的学校临时工生活，走向社会自找工作。

我原在国营工厂当了10年的会计，国营企业改制下岗之后去南昌打工1年，女儿上小学时辞职返家，好在与您通信一段时期，懂得了"想影响他人，必先重塑自己，我爱学习了，我女儿才会受薰染"，于是我努力参加职称考试。终于在2010年，在我女儿上大学之前一年拿到会计师职称。后来我还写了一篇稿子，得到了好评呢。……

若您觉得我写的东西可以作为原始素材编辑成书的话，我没意见，成书那天您报告我好消息，再就是多寄几本书给我，我要送给我的亲朋好友一块儿分享……

慧灵

2013年3月25日

慧灵：

你好！

老朋友，千万不要用"教父"这个称谓，它太神圣了。倚老卖老，我就算个老师吧，虽然也勉强。

你的爱学习、知识丰富，原来和你辛辛苦苦上网校学习有关。这种学习，比较辛苦，而且不容易通过，但是的确能够学到知识。

孩子学的是师范专业，我很高兴。我非常敬仰的教育家苏霍姆林斯基，他的学生大部分在当老师。虽然生活可能会清苦些，但精神享受一定会比较多。她需要什么资料，我可以供给她。

我觉得你的文笔很好，可以多写一些东西，尤其是你擅长的、轻松一点的。不要太累了。

出书的进展，我随时和你联系。

祝好！

您的朋友　冉乃彦
2013年3月27日

后　　记

　　这本书在出版社编辑的积极支持与协助下，终于出版了。

　　这本书的主要特点是真实。它真实地记录了我和家长的通信，真实地反映了我们那个时候的思想与情感。现在看起来，有些认识比较肤浅，甚至不十分恰当，但是这也正好说明家庭教育在不断发展。

　　与我通信的慧灵，和中国所有普通的母亲一样，为孩子操碎了心。为了孩子，她拼命学习，充实自己；为了孩子，她不断反思，提升自己。这个时候，我不由地想起自己的母亲，她也是为孩子付出了全部心血，在我们身上潜移默化地发生了深刻的影响。所以，我把回忆母亲的文章附在书的最后，让我们一起来倾听更多母亲的心声吧……

清明时节——我很想母亲

　　我是母亲最小的孩子，一直和母亲生活在一起，直到她90岁高龄，才到河北省石家庄市我二姐家度过了她最后的四年。母亲是我在世界上最亲的人，她离开了我们之后，我感到好像世界变了样。每当想起她，一种温馨、留恋和孤独交织在一起的奇怪感情，就笼罩在心头。今天回忆母亲，不知为什么眼泪总是不断地涌出。

　　母亲总是默默地做事，轻轻地谈话。母亲对我的教育，说的话很少，绝大部分是她的行为给我留下深刻的印象。不过在当时，对她的所说所做，我从来没感到有什么特殊之处，当然更谈不上什么伟大了。但是，现在想起那些当年的小事，其实有许多是很不平凡的。

舍己为孩子

我父亲是勘探中印公路的勘探队长，不幸在抗日时期因公殉职。靠着同事有限的捐助，母亲拉扯我们兄妹四人艰难度日。那个阶段，坐着卡车搬家是我童年时代最经常的事情。

有一次卡车行进在山峦之间崎岖的公路上，大人们都很紧张，因为听说这个地段经常有土匪出没。果然在深山的转弯处，出现了几个打扮特殊的人，他们鸣枪警告，想让卡车停下来。司机哪里敢停车，反而加大了油门，想冲了过去。这时只听见山头的土匪叫骂起来，紧接着"嗖"的一声，子弹从车上飞过。这好像是一个无声的命令，随着枪响，母亲急速地把我拉到她的怀里，然后死命地抱紧我，当时，我虽然憋得有些喘不过气来，但是也知道大难临头，不敢出声，只静静地听着母亲"扑通、扑通"的心跳声。

母亲后来很少谈到这件事情，当我提起的时候，她总是淡淡地说："哪个当妈的都会那么做的"，然后像说笑话一样讲述当时自己害怕的心情。

当有人用怀疑的口吻问："世界上真有'舍己为人'的人吗？"，我从未怀疑。因为母亲就做到了。

支持儿子反抗"压迫"

小时候，我们住在一个大杂院里，天天有十几个孩子经常在一起玩耍。但是前院有一个阔少爷十分不讲理，于是大家决定不和他玩，没想到他的爸爸竟然来威胁我们这些孩子，扬言如果不和阔少爷玩将如何如何。孩子们非常生气，一时不知怎么办才好。这时我写了一封警告信扔到他家里。这下可捅了马蜂窝，他爸爸气急败坏地在院子里大喊大叫"谁还敢警告我！""还说我压迫人！"

这时，母亲轻轻地走到我身边，小声地问我："这封信是你写的吧？"听了我肯定的回答后，她拍了拍我，默默无语。但是从她的表情，可以明显地看出她是在支持儿子。其实，"压迫"这个词，我就是从母亲的嘴里才第一次知道。

"你们为人民服务，我也间接为人民服务"

我工作以后，一段时间有很强烈的创作热情，业余时间常常写点儿"小豆腐块"文章投递给报社，只不过盼来的是一封封退稿信。这时听到的是别人说"不务正业"，看到的是"幸灾乐祸"的面孔。唯独母亲不同，她好像全然不知道别人的反应，只是隔三差五地问我："又投稿了吗？"最后总是一句话："接着写，接着写"。

在母亲的鼓励下，我不断提高稿件的质量，一年后，终于发表了一篇文章。这时母亲好像比我还高兴，还是那一句话："接着写，接着写"。

母亲经常看我写的东西，有时也说说自己的看法，只不过或前或后总要说一句："我可不怎么懂"。母亲的帮助总是实实在在的，她看到我的原稿字迹相当潦草，就主动要求抄录一遍。她用蝇头小楷极其认真地为我抄录的稿件，竟然被编辑们争来争去当作字帖，有的甚至作为书法作品珍藏起来。这样，一直到了80多岁，她才非常遗憾地表示由于眼花无法抄录了，但是又提出"我来帮你翻造信封吧！（把旧信封翻过来，重新糊成新信封）这个不费眼"。她生怕我们婉言谢绝，轻轻地说："你们为人民服务，我也间接为人民服务嘛。"

80岁的大学生

母亲一生勤勉好学。退休之后担任了居民委员会主任，每天走街穿巷，为居民办了许多实事。后来由于年岁太大，又从居民委员会退休。但是她始终不愿做一个无所事事的人，常常热心帮助别人。例如，我的一位同事，他的妻子马上要生孩子，由于找不到伺候月子的人，急得不得了。母亲听到这个消息后，立刻主动表示"我可以去"。这样，一个70多岁的老人竟然能急人之所急，很好地完成了二十几天的产后护理工作。

　　母亲十分好学，只要不会的东西就想学。例如，60多岁退休以后还提出要学骑自行车。哥哥怕她摔伤，多次好言相劝，才改学其他。后来有了老年大学，她立刻四下打听，积极报名，竟然上了好几期。虽然我们担心她过于劳累，影响身体健康，多次劝导她在家自学，但是直到80岁，她还是自豪地在胸前佩带着老年大学的校徽，自己从甘石桥乘电车到新街口上课，每天坚持不迟到、不早退，回家完成作业，经常受到老师表扬。最后以全学校最高年龄学生拿到了毕业证书。

最后的榜样——捐献遗体

　　母亲看问题非常达观，尤其在生死问题上。她常常向我们讲"人死如灯灭"，晚年多次嘱咐我们死后千万不要浪费，还特别推崇电视上介绍的一位老人，只要求穿一身干净的旧衣服下葬。后来看到"捐献遗体"的报道，母亲又两次对我和我的孩子讲"捐献遗体更好，你们记着，将来我也这样"。

　　母亲于94岁高龄在睡梦中去世。当二姐哭着在电话中说"妈走了"的时候，我顿时感到天好像塌下来了，心里空荡荡的。当我连夜乘车赶到石家庄向母亲告别，并办理捐献遗体手续的时候，没想到母亲的这个最后的愿望，竟这样难以实现。跑了两个医院，他们都表示鉴于过去的教训不敢接受，最后一个医院提出了一些具体的条件，我们都一一照办，比如兄妹四人都要有明确的同意表态，我们就通过长途电话得到了大哥大姐的积极支持。整个过程我一直在想：做儿女的在当前完成这件事情，真是双倍的痛苦。不过，按照母亲特别愿意接受新事物的性格，我深信她老人家会满意的。

　　据医院介绍，实际上医学界非常需要捐献遗体，但是石家庄捐献遗体只有两位，第一位是一位卫生局长，第二位是一位教师，第三位就是我母亲。可见一个新的观念要被社会广泛接受真需要一个漫长、曲折的过程，而母亲在这件事情上为我们做出了最后的榜样。当我的孩子对他的同学讲到奶奶的这件事情的时候，同学们都由衷地说道："她老人家这么大岁数，思想这么先进，真了不起！"最近我的一位在香港中文大学学医的外甥，看完我的这篇文章后，立刻严肃地站起来，深深地鞠了一个躬，向母亲表示敬意。

　　母亲留给我们的很多，我很想母亲！

　　最后，在本书即将付梓出版之际，衷心地感谢慧灵、慧浚，感谢每一位参与到讨论中的家长、每一位关心家庭教育的同人，因为你们，让我们的图书更为增色，同时，诚挚地感谢教育科学出版社的编辑们为本书的出版所付出的辛勤工作。希望本书能够给更多的关心家庭教育的家长朋友有所启发，让我们共同努力，继续把家庭教育事业推向更高的层次。书中不足之处，还待读者来信指正（e-mail：622000375@qq.com）。

2014年1月12日于北京

出 版 人 所广一
责任编辑 刘建霞
版式设计 徐丛巍 刘 莹
责任校对 贾静芳
责任印制 曲凤玲

图书在版编目（CIP）数据

我与中学生家长的31封信 / 冉乃彦编著. —北京：
教育科学出版社，2014.2
ISBN 978-7-5041-8245-6

Ⅰ．①我… Ⅱ．①冉… Ⅲ．①中学生－家庭教育
Ⅳ．①G78

中国版本图书馆CIP数据核字 (2014) 第010961号

我与中学生家长的31封信
WO YU ZHONGXUESHENG JIAZHANG DE 31 FENG XIN

出版发行	教育科学出版社			
社　址	北京·朝阳区安慧北里安园甲9号	市场部电话	010-64989009
邮　编	100101	编辑部电话	010-64989592
传　真	010-64891796	网　址	http://www.esph.com.cn
经　销	各地新华书店		
制　作	北京博祥图文设计中心		
印　刷	北京中科印刷有限公司		
开　本	145毫米×210毫米 32开	版　次	2014年2月第1版
印　张	8.875	印　次	2014年2月第1次印刷
字　数	222千	定　价	28.00元

如有印装质量问题，请到所购图书销售部门联系调换。